MOJA FIRMA PORTRETOWA

ksiązki

G+J

HANNA BAKUŁA

MOJA FIRMA PORTRETOWA

Pierwszy krąg

Dla Marimb i przyjaciół Artystów

SPIS TREŚCI

CZĘŚĆ I
MALOWANIE LUDZI
O konstrukcji książki   10
Moja Firma Portretowa   13
Dzieciństwo artystki   17
Dlaczego portret   21
Autoportret   23
Co widzę w lustrze   27
Kogo lubię malować   31
Malowanie mężczyzn   37
Jak się maluje portret   42

CZĘŚĆ II
GĘBOWZORY
Agata Młynarska   49
Agata Passent   51
Agnieszka Osiecka   57
Alicja Resich-Modlińska   63
Andrzej Długosz   67
Axoum Duo
– Elwira Ślązak i Gabriel Collet   70

Beata Tyszkiewicz 75
Bralczykowie 79
Czesław 83
Elżbieta Matynia-Adams 88
Ewa Zadrzyńska 93
Iza Jaruga 97
Jerzy Paweł Nowacki 102
Jacek Cygan 106
Janusz Głowacki 111
Janusz Olejniczak 115
Joanna Dark 120
Jolanta Kwaśniewska 123
Kora 128
Kubuś 132
Maciek 135
Magda Jagielska 138
Małgorzata Pieczyńska 142
Małgorzata Żak 145
Mama 149
„Mamo, to ja" 154
Marcin Bronikowski 158
Marek Dutkiewicz 161
Prof. Irena Rzeplińska 165
Pucia i Marek 169
Tamara 172

Autoportret z urodzinowymi różami

CZĘŚĆ I

MALOWANIE LUDZI

Kania Polska, 15 lipca 2013

O konstrukcji książki

Jest to książka napisana przez osobę kontro-wersyjną, tak mam na wizytówce. Jestem dy-plomowaną artystką malarką, graficzką, kostiu-mologiem, dziennikarką i pisarką. Uważam, że to upoważnia mnie do robienia lekkiego bałaga-nu konstrukcyjnego.

Portretowałam osoby, które dobrze znałam, ale są setki modeli, z którymi spędziłam jedno-razowo cztery godziny, nic o nich nie wiedząc, kiedy przychodzili, a wiedząc wszystko, kiedy wychodzili. Modele są gadatliwi i z radości, że pozują, zapominają, że ja pracuję. Przypomina to

Agata Młynarska z Autorką

seans u psychoanalityka. Ktoś uważnie się nam przygląda, mówi, jak wyglądamy, pyta. Model czuje, że jest teraz najważniejszy dla artysty i nagle pęka tama. Zmienia się sytuacja. Jest oswojony, przyjmuje moje wskazówki, współpracuje i staje się sobą. Ponieważ robię portrety psychologiczne, bardzo ważne jest, żeby niczego nie udawał i udawać przestaje.

Malowałam, a głównie rysowałam, osoby ważne, utalentowane, uznane, przyjaciółki i przyjaciół, o których wiedziałam wszystko. Zwykle były to magiczne seanse. Nadlatywała muza i siadała na moim ramieniu, to od jej wskazówek zależał rezultat. Historyjki o portretach będą swego rodzaju wspomnieniami tych niezwykłych, magicznych chwil.

Moja Firma Portretowa

Powstała, kiedy miałam osiem lat i po raz pierwszy dostałam zamówienie na portret. Pani Maruszek kazała się dzieciom narysować. Było co. Dla mnie raj. Wielki nos, ogromny skudlony, kasztanowy kok, długa twarz, szare oczy pod krzaczastymi brwiami starego bacy, usta wąskie, wyraźne. Pamiętam ją dokładnie, bo starałam się wszystko zatrzymać w oczach, aby popracować w domu. Siadłam od razu. Za oknem wrzesień gubił kasztany, a ja do pracy. Rodzina była zdumiona, bo nie chciałam iść na rower. Format A4, papier z bloku rysunkowego. Kredki czeskie

Koh-i-noor. Duży komplet, sztuk 72, w tym biała, co było rzadkością. Prezent gwiazdkowy. Najpierw rysunek ołówkiem miękkim HB, potem kolorowanie. Trwało krótko, bo mi się pani podobała. Wyszedł bardzo ładny koń. Uczesanie w płomienny kok wcale nie psuło efektu. Pani Maruszek była tak podobna, że rodzina pokładała się ze śmiechu i dostałam dodatkową porcję odsmażanego makaronu.

Następnego dnia w szkole była wystawa. Każdy kładł na pulpicie swój rysunek, a zadowolona pani cmokała z zachwytu jak woźnica, bo głównie występowała jako królewna albo wróżka.

O ile ktoś miał mniejszy talent, była szczupłą złotowłosą Brigitte Bardot albo Łowiczanką (była też wersja krakowska). Wokół niej fruwały motyle i inne świństwa, z patykowatych rąk zwisały banalne miotełki kwiatów. Na żadnym rysunku nie była podobna. Polacy nie mają drygu do malowania. W mojej rodzinie, choć trochę, rysowali wszyscy, poza babcią i tatusiem wojskowym.

Zwykle siedziałam w ostatniej ławce pod oknem. Zadowolona nauczycielka stanęła koło mnie i zawyła. Byłam zdumiona, portret jak ulał, kolory wesołe, pani ładna, moja rodzina zachwycona, bo dorysowałam kilka sznurów korali, po niedawnym pobycie w Sali Kongresowej na występach

Autoportret z whisky

zespołu Mazowsze, gdzie chwilowo postanowiłam zostać tancerką i zażądałam korali na imieniny.

Pani złapała rysunek, pofrunęła pod tablicę, podniosła go i zapytała klasę, czy jest podobna.

– Tiaaak – wrzasnęły małe nutrie, które myślały, że właśnie o to jej chodzi, a nie chodziło.

Pani pogrążała się jak tonący w gliniankach.

– A co mam podobnego? – zapytała sina. Kok zaskrzypiał złowrogo.

Tu nastąpił dwugłos. Połowa piszczała: „Buuuzię!!!", a druga połowa: „Nooos!!!".

A ja stałam spokojnie jak Matejko na wernisażu *Bitwy pod Grunwaldem*.

Dopiero po chwili zrozumiałam, że jestem artystą niedocenionym, miałam jutro przyjść z mamusią. Wróciłam do domu smutna jak van Gogh, który nie mógł nic sprzedać, więc obciął sobie ucho. Takie rzeczy wiedziałam od dorosłych i uwielbiałam słuchać o kłopotach artystów, przeczuwając swoje. Gdy opowiedziałam o mojej porażce przy obiedzie, wszyscy bardzo się śmiali i twierdzili, że portret jest wspaniały pomimo drobnych mankamentów technicznych. Mianowicie szyja nie wychodzi z żuchwy, tylko zaczyna się za uszami. Do teraz sobie to przypominam, gdy mam wątpliwości. Dostałam dokładkę makaronu.

Wezwaną do szkoły mamusię zastąpiła babcia, powiedziała twardo, że rysunek jest podobny, a tak naprawdę to jest mój pierwszy portret, nie licząc niedużej podobizny naszego wilczura Marsa. Poza tym idę na ASP, co postanowiła rodzina, gdy miałam cztery lata. Stąd moje studia artystyczne.

Dzieciństwo artystki

Rysunki i obrazy są doskonałą walutą. Od wieków artyści płacili swoimi pracami. Tak jest do teraz. Wydawanie pieniędzy zawsze boli, szczególnie bogaczy, a wymiana usług jest miła.

Rysowałam od dziecka, malować akwarelami zaczęłam, mając pięć lat. Strasznie mi się wszystko zalewało, dlatego teraz, prowadząc zajęcia z dziećmi, daję im do rysowania papiery kolorowe i miękkie pastele. Szybko i mało efektów ubocznych, które są zakałą profesjonalnej sztuki, wykorzystywaną przez amatorów. Na efekty specjalne trzeba poczekać do momentu, kiedy już ich nie potrzebujemy do ratowania naszego bohomazu.

Kiedy okazało się, że umiem rysować ludzi, zwierzęta i rzeczy, które są do siebie podobne, nastąpiła rodzinna erupcja artystycznych podarunków mojego autorstwa. Specjalizowałam się w laurkach i pocztówkach okolicznościowych, typu *Trzy tulipany i pies ze wzdęciem*. Tytuły nadawał dowcipny dziadek. Moja zachwycona rodzina bardzo mnie popierała z dwóch powodów. Mieli niezłą zabawę, gdy siedziałam godzinami, podśpiewując, poza tym były nagle fajne prezenty. Ramki z piwnicy zostały oszklone, efekt profesjonalny. Ciocia Lila tyłem szukająca czegoś na podłodze, mamusia w koronie i z berłem, babcia z papierosem i kurą. Sporo autoportretów, głównie jako Sofia Loren, Irena Dziedzic w telewizorze z gałkami i Pola Raksa. Powstawało też dużo autoportretów jako Winnetou czy Zorro, ale cieszyły się powodzeniem i zabierano mi je od razu, pękając ze śmiechu, bo naprawdę byłam podobna. Do dziś moje autoportrety podobają się najbardziej.

Byłam jedynaczką z nadwagą. Nazywano mnie Hanią Banią, bo inne dzieci były o połowę chudsze. Nie miałam wyjścia – jeśli chciałam coś fajnego robić i cieszyć się poważaniem, to malowanie było sposobem. Wtedy ceniono osoby zdolne. Teraz mam wątpliwości. Oczywiście, że chodzi o Polskę. Chińczycy – na przykład – dają stypendia inteligentnym trzylatkom.

Autoportret

Dlaczego portret

Portret jest niezwykle ważnym śladem, jaki po nas zostaje, i powinien być niezbędnym elementem w życiu osoby mającej ambicję przejścia do historii własnej rodziny, a jeżeli portretuje nas znany malarz – to do historii sztuki. Portret to opowieść artysty o modelu. Jego duszy, myślach, guście. Przejawia się to w wyborze stroju, który mówi o miejscu modela w hierarchii społecznej oraz o czasie, gdy portret został namalowany.

Portret to swoiste mauzoleum, pomnik, na który patrzeć będą nasze wnuki i dalsze pokolenia. To dwie nałożone na siebie opinie: zdanie osoby pozującej oraz artystyczne spojrzenie twórcy, wspomagane natchnieniem. Jakby filtr, który talent i coś metafizycznego nakładają na oczy portrecisty. Model wie swoje, ale to artysta decyduje o ostatecznej formie i model nie ma nic do gadania. Jest tylko pretekstem do powstania dzieła. Nie mówię o amatorskich monidłach czy zręcznych kiczowatych portrecikach, które robią artyści dziesiątej kategorii w turystycznych miejscowościach. Mówię o profesjonalnym spojrzeniu na osobę pozującą, przemyśleniu jej osobowości i próbie dołożenia własnej opinii o jej wizerunku. Portret to dzieło zbiorowe, sukces artysty i modela.

Historia portretu jest stara jak świat. W Babilonie, Egipcie, Grecji, Rzymie, a także w czasach obecnych, posiadanie swojego portretu było i jest wyróżnieniem. Najpierw był przywilejem władców i ich rodzin, potem mogli sobie nań pozwolić tylko najbogatsi. Teraz też jest podobnie. Osobom mniej zamożnym pozostają zdjęcia. Portret nie jest artykułem pierwszej potrzeby, ale jak się zastanowić, to może powinien być. Nie pamiętamy czasów, kiedy nie było fotografii, ale one istniały. Kto chciał się uwiecznić (proszę zwrócić uwagę: to słowo pochodzi od wyrazu „wieczność") musiał znaleźć artystę, który go sportretował, i od dzieła zależał wizerunek przekazywany w rodzinie przez pokolenia. Stojąc przed arcydziełami Leonarda, Michała Anioła, Tycjana, Rafaela, Holbeina, Cranacha, Tycjana, Rembrandta, Rubensa, Ingresa, impresjonistów i malarzy zaliczanych do sztuki współczesnej, patrzymy – jak oni – w oczy modela. A on obserwuje nas wzrokiem, którym spoglądał na artystę. Widzimy, czy był zmęczony, czy się bał, jaki będzie rezultat, czy modelka kochała mistrza, czy mistrz miał z nią romans. Minęły wieki, a tyle pozostało informacji o osobach, o których nikt by nie wiedział, gdyby nie ta cudowna chwila powstawania dzieła sztuki. W sekundę przenosimy się kilkaset lat wstecz. Nagle zastanawiamy się, kim była ta piękna kobieta z zalotnym spojrzeniem? Może zwykłą służącą, siostrą, może kochanką malarza, ile miała lat, czy żyła długo, dlaczego ma na przegubie bransoletkę z czerwonych koralików (korale chroniły od uroku)? Dlaczego mężczyzna o twarzy kupca, w zabawnym berecie z piórem, trzyma w ręku kwiat chabru? Ile lat miał słynny starzec z portretu Rembrandta, a ile Mona Lisa? Czy była w ciąży, a może to autoportret Leonarda z czasów chłopięcych, ze starannie dorobioną historią modelki? Kto pozował Rafaelowi do Madonn? Kto Botticellemu do Wenus? Wszystko wiadomo. *Ars longa, vita brevis*. Sztuka pozostaje, życie przemija.

Jest w portrecie magia, czary artysty i pokorna bierność modela, który zdaje sobie sprawę z przeniesienia w czwarty wymiar, na drugą stronę lustra i przetrwania tak długo, jak długo przetrwa dzieło.

Autoportret

To specjalny rodzaj portretu. Chyba nie ma artysty, który by nie namalował, nie sfotografował czy nie wyrzeźbił tak ważnej osoby, jak on sam dla siebie. Wiedza o twórcach płynąca z wpatrywania się w ich autoportrety jest bezcenna. Kiedy, na jakim etapie swojego życia i twórczości je robili? Dlaczego właśnie wtedy? Dla kogo? Tu odpowiedź raczej jest prosta – dla siebie. Żeby spojrzeć sobie w oczy, żeby się czegoś dowiedzieć o tej osobie stojącej z pędzlem przed lustrem. Żeby się pochwalić własną urodą lub nieszczęściem. Ta chwila patrzenia jest jak spojrzenie w szklaną kulę. Siebie widzimy inaczej. Jesteśmy przyzwyczajeni do swojego odbicia, mamy ulubione miny, które uatrakcyjniają twarz. Złapani znienacka przez lustro, czasem siebie nie poznajemy. Wolimy wizerunek oswojony i ten przeważnie wybieramy do autopozowania. Najmilszą rzeczą w tworzeniu autoportretu jest nieograniczona ilość czasu. Model nigdzie się nie spieszy, jest skupiony, lubi nas, uważa za wielkich artystów, idealnie układa się do zamierzonej kompozycji. Nie gada, nie rusza ustami, nie umiera z ciekawości, czy ładnie wyjdzie, nie chwali się swoim brakiem zdolności malarskich ani ich posiadaniem. Jest chętny i cierpliwy. Daje się przebierać w dziwne stroje, pozwala na zakładanie sobie fantazyjnych kapeluszy, czasem ptaków, kotów, czy tygrysów lub na umieszczanie go w bajecznych pejzażach. Szanuje naszą pracę. Ideał. Męczymy się jednocześnie. My pijemy

Autoportret zadowolony

kawę, portret musi poczekać na nasze pojawie-
nie się w lustrze, ale – jak pies – wie, że wrócimy.

Oboje też wiemy, kiedy czas przestać. Niewi-
dzialny anioł odfruwa z ramienia. Gaśnie światło. Nic dodać, nic ująć. Z obrazu patrzy na nas
ktoś bardzo do nas podobny, ale bogatszy o wizje
artysty, który jest w nas. Dziwnie skrzą się fik-
cyjne klejnoty, oczy patrzą uważnie. Usta i pazu-
ry czerwone. Włosy w jasnej aureoli słonecznej
kontry. Nos fioletowy, policzki rdzawe. Kontur
w skocznej żółci, brutalnie wycina ramiona z błę-
kitnego tła nieba, na którym hulają fioletowe lub
różowe chmury. Za oknem szaleje pejzaż, nawet
ten listopadowy ma wyraz. Jeśli jest brzydko na
dworze, to w tle kwiat. Zwykle orientalny. Wspaniale jest przechodzić do wieczności z purpuro-
wym amarylisem czy liliami, często wpraszają się
żółte tulipany, które lubię najbardziej. Sytuacja
wymaga czasem rekwizytów: biżuterii czy zwie-
rząt pojawiających się w najdziwniejszych miej-
scach. Można założyć ciemne okulary, w których
odbija się to, co się odbija – zwykle pomniejszo-
ny wszechświat mojej pracowni z fragmentem
pejzażu za oknem. W okularach pozują przyjaciele, służący jako manekiny. Często użyczają
mi swoich rąk, bo moje są poplamione i malują.
Nie mają czasu trzymać wachlarza czy kieliszka.

Autoportretom przyglądam się uważnie, bo mają jakąś tajemnicę. Niby to ja, a patrząca na mnie osoba o uważnych oczach ma w wyrazie twarzy coś, o czym nie wiedziałam. Czasem zmęczenie, czasem zamyślenie nie wiadomo nad czym, bo malując, tylko patrzę i słucham muzyki. Czasem śpiewam, tańczę albo mówię do siebie. Każę coś poprawić albo chwalę jakąś kreskę. Jestem wtedy bardzo szczęśliwa. Zwykle ja i model jesteśmy zadowoleni. Znikam z lustra. Zostaje portret. Ciekawe, na kogo będzie patrzył za sto lat?

Co widzę w lustrze

Nie ma nic gorszego, niż wejść w lustro niespodzianie. Idziemy sobie niefrasobliwie ze zwiędłą twarzą, w nieznanym nam grymasie i nagle okazuje się, że to okropieństwo naprzeciwko to my. Miałam to parę razy, pamiętam każdy. Wolę swoje odbicie odświętne, umalowane, skupione, inne niż to codzienne, z wyrazem pośpiechu, bez makijażu, rozmazane po lustrze, jak poranna mgła. Do autoportretów przystępuję świadomie i zawsze powstają z jakiejś nadzwyczajnej okazji. Tego się trzymam. Urodziny, Nowy Rok, Chiński Nowy Rok, imieniny z kwiatowym tłem, nowy mężczyzna w tle i piękna nowa biżuteria. Nie ma tak, że wracam do domu z roweru i zaczynam rysować. To zbyt ważne, żeby to robić na łapu- -capu. Bardzo długo zabieram się do pracy. Szykuję pastele, papier, sztalugę, ubieram się paradnie i bardzo starannie robię makijaż. Koncepcję zwykle mam od kilku dni, dlatego stroje są przygotowane. W moim domu jest kilka luster, więc wybieram to, w którym akurat jest najciekawsze światło. Ono jest wszystkim w malarstwie, a nawet ma władzę nad kolorem, który może spłaszczyć i zabrać mu wyraz. Staję naprzeciwko siebie i patrzę. Najpierw na rodzaj konturu sylwetki i głowy, potem na blask na policzku od strony okna, na kolor nosa, który dyktuje koloryt twarzy, na bardzo starannie uszminkowane usta; sprawdzam, czy mają odpowiedni wyraz i czy jest na nich jakiś fajny blik. Czy uszy prześwitują na czerwono czy fioletowo, czy to, co mam na głowie, jest wystarczająco malarskie, jak wygląda biust, zwykle eksponowany. Biorę oddech i patrzę sobie w oczy. Polecam każdemu. Jest w nas druga osoba, która nie pojawia się na co dzień. Nie jest schowana, mieszka gdzieś w kosmosie i przychodzi tylko do rysowania. Kiedy patrzę na pozujące mi osoby, widzę ją. Widzę ją również u siebie. Jakby inspicjent wyglądał zza kurtyny i patrzył, czy można zaczynać przedstawienie.

Autoportret ze zgranymi kartami

Patrzę sobie w oczy i zwykle rysuję prawe, prawie do końca. Tak jakbym chciała, żeby było świadkiem powstawania reszty obrazu. Drugie oko rozgląda się ciekawie, bo jest na co patrzeć. Usta zmieniają wyraz, pojawia się żółty zajączek na powiece, szal układa się po swojemu, a rysująca ręka wali w papier jak młotem, ale w rytm muzyki, której słucham. Na przykład reggae albo ulubionych piosenek Dire Straits. W tym samym czasie trochę tańczę. Jakbym sobie robiła specjalne święto z okazji własnoręcznego przeniesienia się do wieczności. Podchodzę i odchodzę kilka kroków do tyłu, żeby zobaczyć całość obrazu. Wracam, rysuję jakiś maleńki szczegół. Taki nieświadomy spacer trwa kilka godzin. Nie siadam, dopóki nie skończę.

Po pierwszym oku nie rysuję drugiego od razu. Po co, nie ma pośpiechu. Następnie robię górny kontur głowy i szyi, wyznaczam linię włosów lub kapelusza, lekko szkicuję ubranie i, o ile jestem sama i nie ma mi kto popozować do obu rąk, rysuję tylko jedną, lewą, tę nieubrudzoną aż tak pastelami. Cały czas przyglądam się uważnie temu, co jest w lustrze, nie pamiętając, że to ja. Wykonuję jakieś zamówienie i staram się jak najwięcej opowiedzieć o modelu. Jakbym stała obok własnego ciała. Mówię do siebie, recytuję wiersze, często klasykę, na przykład *Świteź* Mickiewicza, i to z interpretacją. Śmieję się z tego, bo rysując, jestem bardzo szczęśliwa i szybuję jak balonik. Wreszcie czuję, że nic już nie mam do powiedzenia i nie powinnam zrobić ani jednej kreski więcej. Staję naprzeciw obrazu i widzę obcą osobę, która pożyczyła sobie ode mnie ubranie i twarz. Nie mogę uwierzyć, że to zrobiłam ja. Jakbym była medium hipnotyzera. I nagle wiem o sobie wiele więcej i nie zawsze jestem zachwycona. Czasem boję się jakiegoś rosyjskiego smutku w kącikach oczu albo swojego zbyt uważnego spojrzenia. Zadowolona jestem zawsze, ale mało kiedy do końca.

Kogo lubię malować

Wbrew pozorom malowanie osób powszechnie uznawanych za piękne bywa nudnawe i nie daje satysfakcji. Na razie o ładnych kobietach. To trochę jakby malować kulę. Wszystko idealne. Nic nie rzuca cienia, nie zaczepia malarza żaden szczegół czy defekt. Osoba piękna jest zawsze trochę banalna i zawsze przypomina opakowanie landrynek lub przedwojenną reklamę farby do włosów czy mydła. Kanony piękna zmieniają się co dziesięć lat, ale dzisiejszy jest absolutnie najgorszy z malarskiego punktu widzenia. Twarz bez wyrazu, nos śladowy, oczy małe z dolepionymi rzęsami, też bez wyrazu, brak brwi, biustu i chude wodorostowe rączyny, cera blada, nastrzyknięte serdelki ust posmarowanych szminką używaną w filmie do charakteryzacji trupów lub śmiertelnie chorych. Na głowie trzy włosy, umiejętnie zredukowane do dwóch przez złośliwego fryzjera. Co mam malować, skoro serce rozrywa mi litość, bo wiem, że biedactwo niedługo zgaśnie? Odwrotnością tego modnego potworka jest kobieta z wyrazem. Takich modelek szukam, takie mnie kręcą i robię im po kilka portretów. Był taki moment sto temu, gdy rysowałam pastelowe portrety Agaty M. codziennie, przebierając ją w kapelusze, baranie rogi, dziwne chusty. Była wróżką, wampem, patrzyła przez okno. Za każdym razem inna, bo jest inteligentna, więc musi migotać jak zajączek na wodzie. Moje modelki starannie do pozowania ubieram. Przychodzą z torbami sukienek, szali, biżuterii, butów. Buty w portrecie są po to, żeby modelka pozująca na stojąco miała lepszą postawę i minę. Kobieta na szpilkach jest odświętna i bardziej pewna siebie. Stroje wybieramy długo i starannie. W końcu model ubiera się i dla potomnych, wnuki się będą nim chwaliły. Dlatego

Autoportret z amarylisem

Autoportret bieszczadzki

po prawej: **Autoportret ze zgranymi kartami**

Autoportret w kosztownej apaszce

Autoportret urodzinowy

Autoportret z persem

Autoportret ze sztucznym kotkiem

Autoportret z whisky (ręka Agnieszki Osieckiej)

Autoportret z Dyniem z okazji Roku Psa

Autoportret z zimowymi łąkami wilanowskimi

Autoportret z urodzinowymi różami

Autoportret z umytą głową
po lewej: **Autoportret z okazji Roku Świni**

Autoportret z chińskim cesarzem

Autoportret w nie swoim ubraniu

Autoportret z czasów młodości

Autoportret w japońskim kimonie

Autoportret w szaliku od Kenzo

Autoportret – zwiastowanie

Autoportret ze szwedzkim konikiem

Autoportret z Romanem

Żona marynarza – autoportret w bursztynach

Autoportret z okazji Roku Koguta

Autoportret z Pałacem Kultury i Nauki

konieczny jest makijaż i fryzjer. Zawsze proszę modelki, żeby wyglądały, jakby szły na bal. Moja przyjaciółka twierdziła, że wgląda się dobrze tylko pod pełnymi żaglami, a tak to jak łajba.

Kobieta idealna do portretowania ma wyraz. Zwykle wiąże się to z jakimś małym defektem. Za dużym lub za szpiczastym nosem, za długim podbródkiem, zbyt szeroko lub zbyt wąsko osadzonymi oczami, lekką wadą zgryzu, za dużymi zębami jedynkami, zbyt długą szyją, nadmiernie prostymi ramionami, dziwną, nieporządną fryzurą, włosami w konkretnym kolorze, ustami o ciekawym wyrazie pomalowanymi na czerwono, z charakterystycznym sposobem trzymania głowy i spojrzeniem, przez które ciekawie wygląda indywidualność i inteligencja. To niepiękne pozornie piękno jest inspirujące. Przebywanie z modelem, który ma osobowość, jest nadzwyczajnym przeżyciem i można sobie na wiele pozwolić, rysując. Niebanalny model chce niebanalnego portretu i ufa niebanalnemu twórcy. Rezultat super.

Taką pełną zrozumienia modelką była Agnieszka Osiecka, moja przyjaciółka. Miała regularne rysy, ale nieregularną duszę, dlatego na moich portretach, widać przede wszystkim jej zadumane, poetyckie wnętrze i chochlika, który w niej

Autoportret z konikiem szwedzkim

mieszkał. Nigdy nie było wiadomo, który rys duszy w danym momencie wygra i przez które okno wyjrzy. Agnieszka sama nie wiedziała, co powie, myśli pędziły przez jej twarz, jak cumulusy na jasnym niebie, a ja umiałam je złapać. Zawsze dodawałam jej kwiat, zwierzę albo jakiegoś ulubionego faceta, bo lubiła towarzystwo, nawet na portretach. Portrety podwójne są ciekawsze o relację pomiędzy osobami, które pozują. Przecież jest powód, by razem przeszły do wieczności. Ja nie żartuję, człowiek zaczyna istnieć w innym wymiarze, gdy jest namalowany, wyrzeźbiony albo staje się bohaterem literackim czy adresatem listów wybitnej osoby. Dlatego warto się kręcić koło artystów. Kim by była Mona Lisa bez Leonarda? A Milena bez listów Franza Kafki? No właśnie. Artyści bardzo często malowali siebie na zamówionych obrazach jako świętych czy błaznów albo odbijali się w lustrze, stojący przy sztaludze, w trakcie malowania. Widać było, jak pracują. Michał Anioł, który nie był za ładny, a jeszcze miał zmiażdżoną twarz, umieścił swoją postać w Kaplicy Sykstyńskiej jako człowieka obdartego ze skóry. Widocznie nie mógł się powstrzymać.

Bardzo często robię portrety z biustem na wierzchu. Nazywa się to półakt. Uwielbiam to, bo kobiece piersi (w przeciwieństwie do męskich) są równie pełne wyrazu jak twarz. Zerkają sutkami, zaczepiają, wstydzą się, są zadowolone ze swojej wielkości, ale często chcą być większe albo mniejsze, zawsze wyżej niż są. Ten element portretu uzgadniam z modelką, która może ze mną wynegocjować pewne zmiany. Zwykle rysuję półakty bardzo zgrabnych, młodych kobiet na zamówienie sponsorów, więc wystarczy, że naśladuję wiernie naturę.

Wolę modelki w średnim wieku, bo mają jakieś przeżycia, które zostawiają interesującą patynę w spojrzeniu czy wyrazie ust. Czasem rysuję starsze panie. Moje portrety Niny Andrycz z jej benefisu w Krakowie pokazują piękną damę bez wieku, który w tym wypadku nie ma znaczenia. Podobnie było z portretami dwóch wielkich artystek, Stefanii Grodzieńskiej, która pozowała mi cały dzień, a potem ze śmiechu bolały mnie mięśnie brzucha, i Krystyny Feldman, na jej jubileusz. Zadanie trudne, bo dostałam jej zdjęcia (portret miał być niespodzianką) w roli Nikifora i starałam się dostrzec pod wąsami górną wargę aktorki. Bardzo śmiesznie się rysowało. Na portrecie była miłą kobietą, a nie zabiedzonym staruszkiem. Zadzwoniła zachwycona. Gdybym mogła teraz wybierać, chciałabym narysować młodą

Marię Callas. To dla mnie ideał modelki. Ona by
śpiewała, ja bym malowała, ale raczej z profilu.
W ogóle lubię profile. Większość osób ma je ciekawsze niż *en face*, choć o tym nie wiedzą, bo poza starożytnymi Egipcjanami, kto się przegląda
odwrócony profilem?

Malowanie mężczyzn

Mężczyźni robią sobie portrety równie chętnie
jak kobiety, ale się tego wstydzą, tak jak chodze-
nia do kosmetyczki czy manikiurzystki. Jeśli zamawiają je sami, chodzi o tak zwany barter, czyli
mój portret jest formą zapłaty za coś, co mi pomagają załatwić. Portrety zamawiają też żony na
równe rocznice ślubu czy urodzin, ale i koledzy
z pracy dla przyjaciela lub szefa. Zamawiają or-
ganizatorzy benefisów telewizyjnych, wtedy robię portret na wizji, co nie jest trudne, czasem
bywa zmienne światło, ale daję radę. Nie miałam jeszcze zamówienia od kochanki, matki ani
dzieci faceta.

Najzabawniejsze chyba było przyprowadze-
nie do mnie przez asystentkę, która zamawiała
portret w imieniu pracowników, nieświadome-
go prezesa wielkiej firmy, który właśnie kończył
czterdzieści lat. Byłam uprzedzona i czekałam

w pracowni. Kiedy otworzyłam drzwi i prezes zobaczył, że ja to ja, zbaraniał, a sekretarka uciekła. Trochę przedszkole, ale miło to wypadło. Wtedy model dowiedział się, że będzie pozował do portretu i bardzo się zawstydził. Czyli się zaróżowił, ale oczki mu zabłysły. Okazało się, że sekretarka powiedziała, iż zawiezie go w bardzo ciekawe miejsce, gdzie czeka prezent. Myślał, że chodzi o jakąś młodą cudzoziemkę z bloku wschodniego albo wizytę u dealera ekskluzywnej marki samochodowej, ale nie sądził, że będzie modelem, i to moim. Polecono mu się ubrać elegancko, czyli miałam koszmarne zadanie narysowania markowego garnituru. Z nadzieją zapytałam, czy chce ptaka na głowie, a może barokowy kapelusz, a może chociaż konia albo kota w tle, ale nie chciał. Wolał po bożemu.

To najgorsza opcja w męskich portretach. Twarz i garnitur. Nic dodać, nic ująć. Na szczęście był uroczy. Dowiedziałam się sporo o przemyśle ciężkim i stoczniowym, a on o Nowym Jorku. Portret go naprawdę zachwycił. Stał jak dziecko i witał się z tym drugim sobą. Zapadła decyzja o powieszeniu w firmie. Potem przyszła asystentka i też się pozachwycała, popiskując radośnie. Wieczorem model zaprosił mnie na wielkie przyjęcie z okazji swoich urodzin, ale

wpadłam tylko na chwilę. Za dużo garniturów jak na moje nerwy.

Mężczyźni, którzy sami zamawiają portret, twierdzą, że to na prezent dla żony. Wtedy sadystycznie proponuję, że mogę ją narysować. Okazuje się, że lepiej nie, bo żona po dwudziestu latach małżeństwa woli portret męża niż swój. Dziwneee. Mężczyźni przed pozowaniem denerwują się bardziej niż kobiety, są nieufni, boją się śmieszności. Zapytani, co chcą, abym narysowała w tle, mają zabawne pomysły. Chcą pejzaż z wakacji, którego zdjęcie dostarczają, konia, park, morze, łódki rybackie. Żony nie proponują. Chcą być sami. Nie chcą się dzielić.

Pewien zamożny myśliwy chciał być ze sztucerem, w kurtce z antylopy i kapeluszu z otokiem z rysia (zwierzęcia, nie kolegi). Stał ubrany w te cuda z karabinem na słonie w ręku przez cztery godziny. Efekt porażający. Siła i kasa. Zaprosiłam jego i portret na wernisaż. Chciałam, żeby był w kostiumie myśliwego, a on przyszedł w niebieskim garniturze i brązowych butach. W czasie wywiadu przed kamerą się jąkał, a jak strzela do antylopy, to się nie jąka. Ot co.

U męskiego modela zwracam uwagę na dokładnie to samo, co u damskiego. Wyraziste rysy, spory nos, sposób trzymania głowy, a przede wszystkim wyraz oczu i usta, które są równie ważne. Bardzo lubię ładne uszy i włosy. Łysym modelom, o ile się w ogóle zdecyduję na rysowanie, zakładam kapelusze z wielką korzyścią dla portretu. Oni też się czują pewniej. Wspaniale rysuje się artystów z jakiejkolwiek branży, bo rozumieją, że chwila jest wyjątkowa i że tworzę coś, czego przed chwilą nie było. Mężczyźni mniej się mizdrzą i nie robią seksownych min, z jakimi walczę u kobiet, które rysuję. Czasem zgadzają się na bycie w kostiumach, które wymyślam. Często są to dziewiętnastowieczne surduty i krawatki zwane fularami. O biżuterii, poza zegarkiem, nie ma mowy. Mężczyźni na poziomie nie noszą żadnych świecidełek. Czasami dorysowuję się do jakiegoś wielbiciela albo umieszczam go w tle. To dobry sposób, aby zdać sobie sprawę ze stosunku do danej osoby. Niby ją znam, a wychodzi ktoś inny, choć bardzo podobny. Po przemyśleniu zawsze przyjmuję opinie mojej rysującej ręki, bo tworzenie to proces metafizyczny, a rozum powinien dyskretnie czekać na swoją kolej.

Kiedy nie było fotografii, powstawało tyle samo męskich, co damskich portretów. Bogacze i monarchowie mieli swoich nadwornych malarzy, których utrzymywali luksusowo wraz z ich rodzinami. Dzięki temu powstały arcydzieła, nie chałtury. Sztuka potrzebuje skupienia i spokoju, artysta to nie księgowy, dlatego ma gorszą sytuację finansową. Dobrze, że ludzie są próżni i każdy przejaw zainteresowania im pochlebia, a portret najbardziej. To okazuje się, kiedy model spojrzy na cudowną istotę, jaka właśnie narodziła się na jego oczach – siebie.

Jak się maluje portret

Portret maluje się łatwo, jak się umie. Generalnie dotyczy to wszystkiego. Portret jest uznany za najtrudniejszą ze sztuk, choć od dawna nie musi być podobnym monidłem. Wystarczy, że jest ideą modela. To też trudno namalować. Każdy człowiek jest znakiem. Da się go sprowadzić do kilku istotnych punktów umieszczonych prawidłowo względem siebie. Z tego żyją karykaturzyści, których cenię, ale karykatur nie uważam za wielką sztukę.

Największym luksusem jest malowanie siebie albo kogoś dobrze znanego, bo wtedy nie ma żadnej presji i model rozumie powagę chwili. Najlepsze do pozowania są aktorki. Daje im się rolę modelki, którą grają dowolnie długo, nie zmieniając pozycji. Nie trzeba im robić kawy, po prostu wczuwają się. Kiedyś po skończeniu rysowania zapomniałam zwolnić aktorską modelkę, która siedziała w niewygodnej pozie, i nagle zobaczyłam, że śpi z otwartymi oczami, jak kulturalny widz w teatrze.

Maluję i rysuję na stojąco. Łatwiej wtedy odchodzić, żeby lepiej widzieć kompozycję. Kiedyś zmierzyłam, że podczas rysowania trwającego trzy godziny dreptcze sześć kilometrów. Najpierw przypinam specjalnymi spinaczami papier. Kolor tła zwykle uzgadniam z modelem. Przeważnie wygrywa beż. Autoportrety rysuję na czarnym lub bardzo ciemnym tle, bo wtedy kolory są dźwięczniejsze i bardziej kontrastowe. Zaczynam od prawej brwi i oka. Zawsze tak samo. Oko patrzy od początku, a ja dalej rysuję węglem zarys dolnej części nosa i usta. Owal okala je potem. Ważna jest górna linia głowy, bo zawsze powyżej zostawiam sporo tła. Przydaje się do narysowania nieba lub ptaka. Ważna jest linia ramion i ubranie, które, tak jak biżuterię, zaznaczam lekko.

To, co opisałam, to pierwszy najważniejszy etap. Zajmuje mi ponad godzinę. Jeśli model bardzo się denerwuje, pozwalam mu zerknąć na czarno-biały szkic. Wraca na miejsce błogo uśmiechnięty i już się nie boi, że zrobiłam z niego czupiradło.

Wiem, jak będzie wyglądał obraz po skończeniu, robiąc pierwszą kreskę, ale jeszcze muszę długo pracować, żeby kolory posłusznie układały się na swoim miejscu i tworzyły harmonię albo dysonans. Moim ideałem jest malarstwo fowistyczne, czyli dzikie kolorystycznie, niepodlegające żadnym mieszczańskim zasadom (najlepszy był van Dongen). Na drugiej szali kładę harmonijny renesans z moim ulubionym Bronzino. Albo – albo. Środek zawsze jest zachowawczy i nudny.

Każdy rodzaj malarstwa, również abstrakcyjnego, wymaga superwarsztatu. Portret jest trudny. To nie wiechciowate drzewko, które można namalować byle gdzie, najlepiej na zielono. Portret to bezbolesne grzebanie w czyjejś duszy, a to bardzo męczy. Bez względu na to, co mówi model, ja i tak znam prawdę o nim, bo jest ona ukryta w spojrzeniu, grymasie ust, sposobie trzymania rąk, a nawet w tym, co zaproponował do ubrania. Malowanie trwa długo i jest wyczerpujące, dlatego wolę, jeśli modele milczą, ale to trudno wyegzekwować, bo są zwykle radośnie podekscytowani. Ja bym się bała pozować na serio, chyba że Ingresowi. Kiedy model i jego wizerunek są podobni fizycznie i psychicznie, zabieram się za tło. Zwykle jest to widok z mojego okna na piątym piętrze na wilanowskie łąki, które zmieniają się w zależności od pory dnia i roku. Mam ulubione trzy topole zasłaniające na szczęście brzydką, dominującą Świątynię Opatrzności.

Za pejzaż zabieram się ostro, bo nie ma nic do gadania. Biorę amerykańskie, bardzo grube pastele i zaczynam być naprawdę sobą. Koloru się nie boję, znam różne sztuczki, żeby wył lub szeptał. Muszę trzymać obraz, bo nacisk pasteli jest bardzo duży. Sypie się pył, a w tle ukazują się pomarańczowe, żółte, fioletowe i kobaltowe drzewa. Po niebie pędzą kolorowe chmury, słońce żegna się bladożółto, znikając w prawym górnym rogu obrazu. Jeszcze obwiedzenie postaci kontrastowym konturem i zmordowana, umazana różnymi kolorami zapraszam modela, który nieufnie, jak podwórzowy kot, podkrada się i staje za mną, a przed nami PORTRET.

Maria Szabłowska

CZĘŚĆ II

GĘBO-
WZORY

Agata Młynarska

AGATA
MŁYNARSKA

Poznałyśmy się dwadzieścia lat temu. Zauważyłam Agatę, bo ma wszystko, co powinna mieć moja modelka. Przede wszystkim wyraz. On jest najważniejszy. Twarz powinna być migotliwa, zmienna: jak strumyk, gdy modelka jest młodsza, a jak starsza, to spokojniejsza rzeczka, pełna zajączków. Najlepiej, żeby oczy i usta też były w ruchu. Agata jest bardzo ruchliwa i przypomina andersenowski bajkowy czajniczek z podskakującą pokrywką. Teraz nazywa się to ADHD, ale to po prostu żywość umysłu, niespokojnego, pełnego zapamiętanych, niepotrzebnych wierszyków, twórczego. Agata jest błyskotliwa po ojcu Wojciechu, najlepszym polskim tekściarzu, i po nim ładna, z jakąś jasnością i uczciwością w oczach. Ciekawe, dlaczego nie chce pisać, prawie niemożliwe, że nie potrafi. Ważną cechą Agaty jest lekka wada zgryzu, którą ja nazywam „marabutem", ale jest to bardzo sexy i profil doskonale wygląda.

Rysowałam Agatę siedzącą i stojącą, bo ma świetną figurę. Może kiedyś namaluję ją w szpagacie, bo robi go od niechcenia. Gdy się przyjrzeć jej okrągłym błękitnym oczom, widać w nich dziewczynkę, którą musztrowały zakonnice w szkole. Widać też ciekawość świata i chęć zabawy. Agata jest jak szczeniak, zawsze z radością pobiegnie za piłeczką. Brzmi to jak opis jakiejś dziewczynki, a Agata jest dojrzałą kobietą, poważną dziennikarką TV, właścicielką portalu ONA i pracowniczką radia PiN. Cieszę się, ale dla mnie ważniejsze jest to, że jest astrologicznym Baranem i lubi jeździć na rowerze. Opanowałyśmy też trudną sztukę mówienia jednocześnie i słuchania w tym samym czasie. Narysowałam ją kilka razy. Rysunki ocalały z pożogi przeprowadzek. Są bardzo różne, jak różna jest Agata.

AGATA PASSENT

A gatkę poznałam, gdy była małym chłopczykiem w ogrodniczkach i bluzeczce w poprzeczne, kolorowe paski. Wesołość stroju kontrastowała z surowym wyrazem twarzy, po którym błąkał się jednak cień uśmiechu. Agnieszka Osiecka, jej mama, przyprowadziła ją w niedzielę do elitarnego, zamkniętego klubu SPATiF w Warszawie. Było to magiczne miejsce, w którym od 12.00 do 24.00 można było spotkać WSZYSTKICH i zjeść pyszne rzeczy. Nieartyści nie mieli tam wstępu, bo obowiązywały karty klubowe. Agatka była śliczym, zaskakująco dociekliwym rozmówcą, z czarnymi kędziorami, płonącymi oczami derwisza, raz Agnieszką, raz swoim ojcem Danielem Passentem. Do teraz taka jest, ale wtedy to była niespodzianka. Dziecko typu „stara dusza". Lubię dziwnych ludzi, oczywiście tych normalnych i inteligentnych. Świrów nie cierpię, nawet najzdolniejszych. Agatka jest normalna do bólu i bardzo często jej rozsądek trzyma mnie w pionie, a ja z ciekawością obserwuję, jak ona dorośleje. Byłam świadkiem sukcesów tenisowych Agatki na obu półkulach, a przedtem treningów i zawodów, na których kibicowałam jej z Agnieszką. Śledziłam uważnie losy małżeństwa Agaty i jej związków. Pękałam z dumy, gdy skończyła Uniwersytet Harvarda, co mało komu się w Polsce zdarza. Kibicowałam jej felietonom w „Twoim Stylu" i arcyciekawym książkom. Najbardziej lubię tę o Pałacu Kultury. Właściwie podoba mi się wszystko, co robi, bo jest poważną publicystką i pisarką. To już ponad trzydzieści cztery lata żartujemy i opowiadamy sobie wszystko.

Agata jest mamą Kuby Wieteski, który już chodzi do szkoły, a ja ciągle jestem na etapie telefonu Agatki, z propozycją, żebym wpadła poasystować przy porodzie. Dla niej bym to zrobiła, ale na szczęście urodziła tuż po przyjeździe do szpitala. Bardzo się ucieszyłam, bo nawet sobie

Agata Passent

odmówiłam tego typu atrakcji. Dzieci programowo nie mam, czego nigdy nie żałowałam.

Rysowałam ją kilkakrotnie, również gdy była mała, robiąc wyłom w moich zasadach, bo dzieci nie portretuję. W życiu zrobiłam kilka wyjątków, z dobrym rezultatem, ale to była męka.

Na jednym z portretów Agata pozuje bezboleśnie ze swoim ojcem Danielem Passentem. Wtedy była podobna wyłącznie do niego. Teraz „dosiadła się" Agnieszka i Agatka również ją przypomina w spojrzeniach, ruchu głowy, dłoniach, a najbardziej w uśmiechu i kiedy jest skupiona. Ma twarz drobną i migotliwą, ale gdy jest zła, staje się krytycznym Danielem.

Z portretu patrzą uważnie, ale widać, że są zadowoleni, i to z paru powodów. Portret wisi u Daniela w domu. Nie wiem, gdzie jest portret nastoletniej Agaty z Agnieszką. Ma prawie identyczną kompozycję, ale jest bardziej kontrastowy, bo pochylona Agnieszka, z blond ogonem śpiącym na ramieniu, jest dominującą jasnością, a kruczoczarna Agatka wygląda na nieco zdziwioną tą sytuacją. Jedna ma oczy jak Morskie Oko w lipcu, druga jak Czarny Staw w październiku. Nie wiem, skąd te tatrzańskie porównania. Może dlatego, że ze sto razy byłam z Agnieszką w Zakopanem. Agnieszka wyłudzała ode mnie rysunki i podawała dalej. Często dostawałam od niej prezenty przechodnie. Tak miała.

Malowałam Agatkę w latach dziewięćdziesiątych jako Ewę w Raju, z biustem na wierzchu. Do pary był Adam, pozował Artur Burchacki, też z biustem na wierzchu. Agata miała zielone jabłko, a po obu pastelach wił się wypasiony wąż. Obrazy wstawiłam do galerii Marii Dziopak w Panoramie, ale po dwóch miesiącach wpadłam na pomysł, że je powieszę w sypialni. W galerii dowiedziałam się, że ktoś je kupił godzinę przed moim przyjściem i od razu zabrał, choć były duże i ciężkie. Coś przeczuwał. Zabawny zbieg okoliczności. Nie wiem, gdzie są, ale gratuluję nabywcy posiadającemu półakt Agaty Passent z fragmentem pytona. I drugiej połowy pytona z Arturem.

Portrety Agatki idą jak świeże poziomki. Drugim natychmiast sprzedanym rysunkiem był wykonany na Saskiej Kępie portret Agaty w lustrze. Miałam czarny kaftan, przepięknie haftowany na plecach w czerwony ludowy wzór mongolski. Rysowałam tak, że haft i głowa w czerwonym kapeluszu, były widziane od tyłu. Z lustra ciekawie spoglądała modelka. Nie wiem, dlaczego nie było z nami Agnieszki, która mieszkała obok. Rozmawiałyśmy z Agatą, jak zwykle żartując, ale dyskutowałyśmy też o sprawach poważnych, bo dbamy o siebie jak rodzina i opowiadamy wszystko, że-by móc się wspierać.

Portret został na sztaludze. Następnego dnia kupił go znajomy moich rodziców, który wpadł do mnie na chwilę. Zwinęliśmy zabezpieczony portret w rulon i zniknął w Tel Awiwie.

Teraz obie mamy coraz mniej czasu na głup-stwa, ale zamierzam ją narysować z okazji jej czterdziestych urodzin. Raczej wypiękni-ała w sposób klasyczny, na co nie zapowiadało się, gdy była mała. Poza dość nieprzemyślany-mi fryzurami, które ją szpecą, jest śliczna. Ja-ko jej ciocia mam prawo do krytykowania, ale Agata jest uparta sumą uporów obojga rodziców. Z Agnieszką też walczyłam, żeby kupiła sobie no-wy kostium kąpielowy. Po piętnastu latach da-łam spokój.

AGNIESZKA OSIECKA

L ubię pięknych ludzi. Na urodę twarzy składa się kilka drobiazgów, ale najważniejsze
są proporcje. Wykrój ust, klasyczny owal,
elegancko wychodząca z głowy szyja, linia włosów, odległość nosa od ust i oczy. Wiele się mówi
o ich znaczeniu w portrecie, a ja na dowód nie-
słuszności tych truizmów rysuję modelki w ciemnych okularach, a często ze spuszczonymi oczami. Liczy się linia głowy i ramion, przechylenie
szyi, wyraz ust, sposób, w jaki włosy towarzy-
szą twarzy. Portret to suma moich przemyśleń
i zachwytów, a jednocześnie kilkugodzinna rozmowa z modelem, czasem bez słów. Po prostu

Agnieszka Osiecka

przestrzeń oplata nas jak woal, jak kokon, w którym rodzi się sztuka.

Ten rodzaj porozumienia miałam z Agnieszką, modelką, którą najczęściej rysowałam, i kibicem mojej Firmy Portretowej przez siedemnaście lat. Zadzwoniła do mnie w lutym 1980 roku i powiedziała, że chce napisać o moich obrazach pokazywanych w Galerii Krytyków w Warszawie, a ja odłożyłam słuchawkę, bo myślałam, że ktoś mi robi kawał. Wszyscy wiedzieli, że jestem fanką Osieckiej i znam każdą jej piosenkę. Zadzwoniła drugi raz i napisała tekst. Spotkałyśmy się na wernisażu w „Szpilkach" (pismo satyryczne, pogrzebane przez mamonę) i wyruszyłyśmy w naszą cudną artystyczną przyjaźń. Rysowałam ją setki razy. W Warszawie, w moich kolejnych mieszkaniach, i Nowym Jorku, na East Eleventh Street nr 326, ale też na mojej wiejskiej działce. W kapeluszach, z kieliszkiem, z Agatą, jej córką, z Januszem Andermanem, Magdą Umer, Zbyszkiem Mentzlem, a głównie ze mną, wszystko zawsze ozdobione fantastycznymi kwiatami i ptakami. Ciekawe, ale nigdy z pejzażami w tle. Rysowałam ją z profilu, ale częściej *en face* z ogonem jasnych włosów na ramieniu. Często pozowała mi do detali, których potrzebowałam do autoportretów. Głównie do prawej ręki, której nie można narysować, bo zwykle jest brudna, a my potrzebujemy czystej, z kieliszkiem wina albo z wachlarzem. Często zakładałam Agnieszce okulary słoneczne, które na portrecie lądowały na mojej twarzy. Jeżeli był jeszcze drugi model, który jej towarzyszył na rysunku, trudniej było o metafizyczny kontakt z dwiema osobami, i to rozgadanymi.

Kiedyś malowałam wielki obraz olejny: Agnieszka, Magda i Zbyszek. Pozowali jednocześnie. Ledwo mi się udało przetrwać taką nawałnicę inteligencji i zaznaczania własnej pozycji. Agnieszka z przekrzywioną głową patrzyła niczym barokowe putto, w bok. Każda z postaci żyła swoim życiem i poza bliskością fizyczną nie mieli ze sobą żadnego kontaktu; to bardzo częste na wieloosobowych portretach. Modele patrzą na mnie z nadzieją i zaufaniem. Jak dzieci. Ten piękny obraz kupił jakiś Holender i wywiózł do Amsterdamu.

Agnieszka zawsze była bardzo spokojna. Poruszała się i siedziała tak, jakby wiedziała, że chwila przemija, a ona chciałaby ją zatrzymać. Mówiła wolno, trochę sennie, ale czasem złośliwie i bardzo serio. Często się śmiała, pokazując prześliczne, własne zęby – wtedy była inną osobą, uczennicą, która uciekła z krasnalem z klasowego grzybobrania. Lubiła przerwy w żartowaniu i czasem zwracała uwagę, że nasze błazenady ją męczą. Spędzałyśmy ze sobą wiele godzin dziennie. Rozmawiałyśmy prawie wyłącznie o sztuce, o naszych planach artystycznych, o wspólnych projektach. Robiłam programy i plakaty do jej sztuk teatralnych, a ona pisała dla mnie wiersze i teksty do katalogów. Nieustannie byłyśmy w podróżach po Polsce. Towarzyszyłam jej w wieczorach autorskich, nigdy nie myśląc, że będę miała własne.

To ona nauczyła mnie pisać w ciągu trzech minut. Kiedy „Twój Styl" zaproponował mi stały felieton, przybiegłam do Agnieszki przerażona i zapytałam, jak się pisze, a ona na to:

– Hanusiu, pisze się, tak jak się mówi, a ty mówisz ślicznie.

Minęło szesnaście lat od jej śmierci, a ja dotąd nie znalazłam modelki podobnej do niej choćby w śladowym stopniu, takiej, która byłaby drugą połową mojego artystycznego jabłka.

Alicja Resich-Modlińska

ALICJA
RESICH-MODLIŃSKA

N a moim portrecie Alicja ma na sobie szal
i rozmawia przez komórkę, wtedy jeszcze
nie tak niezbędną do oddychania, jak dziś.
Jest moim przeciwieństwem. Poza podobnym,
szybkim patrzeniem na świat – same różnice.
Jest wysoka, klasyczna, ciemnowłosa, wywa-
żona, gra w tenisa, jeździ na nartach. Ostrożna
i mądra życiowo nie popełnia gaf i mam wraże-
nie, że nie zna słowa „ryzyko". Ma dwoje pięknych dzieci i męża poznaniaka, co jest szczytem
moich marzeń. Wiem, co mówię. Znamy się od
urodzenia, choć ja urodziłam się wcześniej. Nasze życia biegną równolegle, ale zgodnie. Spo-
tykamy się z przyjemnością, ale nie bywamy

u siebie, choć mieszkamy bardzo blisko. Ja jestem dla niej zbyt rozbrykana i nieprzewidywalna, a ona dla mnie stanowi symbol spokoju, którego nie szukam, póki co, choć nie sadzę, żebym zrezygnowała ze stepowej swobody na korzyść stabilizacji. Tak jest strasznie nudno.

Alicja jest zawodową dziennikarką z olbrzymim dorobkiem i jakimś cudem zawsze wychodzi z każdej opresji. Myślę, że poza inteligencją, nie bez znaczenia jest jej uroda rodem z dziewiętnastego wieku, która nie ulega erozji, choć u brunetek to częste. Alicja jest idealnym przykładem dobrego, klasycznego stylu: oko ciemne, duże, brwi pięknie narysowane, pierś wysoka, noga zgrabna, sportowa. Bardzo ładne ręce, miły ruch szyi, zawsze klasyczna fryzura, czego jako portrecistka nie pochwalam, bo z jej włosów można zrobić wszystko, ale nie sądzę, żeby lubiła słuchać rad.

Siedziałyśmy kiedyś w letni dzień, patrząc na łąki wilanowskie, które – zanim postawiono, pożal się Boże, Miasteczko Wilanów, teraz pełne „słoików" – były rajem dla kuropatw i królików. Przez otwarte okna widać było piękne drzewa i pola, w tym czasie błękitne i złote od polnych kwiatów. Alicja miała coś różowego, co kontrastowało z widokiem za oknem, ale dla równowagi dorysowałam żółciutki storczyk. Portret jest pogodny jak tamto popołudnie.

Nie pamiętam, o czym rozmawiałyśmy. Mamy tłumy wspólnych znajomych, a ja przyjaźnię się bardzo z jej eksmężem, Stasiem. Dzieci przyjaciół obserwuję z uwagą i bardzo lubię, bo przypominają rodziców. W tym wypadku bardziej Alicję, bo są czarnowłose i czarnookie. Syn jest muzykiem, gitarzystą robiącym coraz większą karierę, córka humanistką z zacięciem psychologicznym.

Zazdroszczę przyjaciołom fajnych dzieci, ale mam też powody do współczucia rodzicom dzieci tyranów.

Portret bardzo chętnie wystawiam, bo się podoba wielbicielkom Alicji, których są tłumy. Ja też go lubię, ma w sobie lato i ciszę, i coś międzywojennego w klimacie.

Andrzej Długosz

ANDRZEJ DŁUGOSZ

Portretów nie daje się nawet najbliższym przyjaciołom, tak jak nie daje się psów. Nie chodzi o to, że model nie powiesi rysunku na głównym miejscu w salonie, bo zrobi to, ale istnieje jakieś fatum. Portret Andrzejowi podarowałam i zamiast widywać się jak zwykle raz na kilka dni, widujemy się co kilka miesięcy, choć mamy do siebie blisko pod każdym względem. Ten przesąd naprawdę się sprawdza. Andrzej, jako król PR-u jest bardzo zajęty. Ja o swoim braku czasu mogłabym napisać książkę, gdybym znalazła czas. Poznaliśmy się siedemnaście lat temu, w specjalnym przedziale InterCity relacji Kraków–Warszawa. Właśnie szukałam sponsorów

Festiwalu Muzyki Franciszka Schuberta, który organizuje moja fundacja, i głowiliśmy się z nowojorskim fotografem Tarantulą, skąd wziąć tyle kasy. Kiedy powiedziałam, że powinniśmy podróżować „na bogato", nie chciał. Moim argumentem było to, że na pewno w tej megapierwszej klasie będzie jechał sponsor. Siadamy, a tu wchodzi bardzo miły, młody facet i się uśmiecha. My też. Pociąg rusza, a ja od razu kuję żelazo i pytam, co miły pan robi. A on na to, że jest prezesem firmy piwnej. Nie czekając, zapytałam, czy da mi pieniądze na festiwal, bo Schubert był piwoszem. Dał, i to jeszcze ile. Dzięki niemu zrobiłam kilka festiwali i obchodziłam rocznicę śmierci kompozytora w Filharmonii Warszawskiej, a dzieci z domów dziecka, którymi nadal opiekuje się fundacja, opływały we wszelkie dobra.

Jesteśmy przyjaciółmi i słucham go jak młodszego o piętnaście lat ojca, bo wszystko wie i jest wybitnym strategiem. Zawsze śmieją mu się oczy na mój widok. Widziałam parę razy, jak mu się nie śmiały na inny widok. Portret jest prezentem, do którego przymierzałam się kilka razy, bo nie umiem rysować PR-ów, a najniechętniej rysuję garnitury i krawaty, choć mi się zdarzało z niezłym skutkiem. Andrzeja postanowiłam ubrać w strój dziewiętnastowiecznego bankiera, którego portretował genialny malarz francuski Ingres. Surdut, fular, trochę butna postawa, ideał logiki i pozycji społecznej.

Na obrazie jest mój kolega Andrzej. Dobry, przyjazny i zawsze jakby trochę rozbawiony. Pozował osobiście w sweterku i okularach. Stał na tle łąk i topoli widocznych za oknem. Taki delikatny pejzażyk. Rozmawiało się genialnie, bo Andrzej ma ogromne poczucie humoru i refleks. Zawsze tak jest, kiedy nie skaczą na niego tłumy innych PR-ów, a jeszcze lepiej, gdy ma u boku Monikę, swoją śliczną żonę, o której napiszę w następnym tomie.

AXOUM DUO
— ELWIRA ŚLĄZAK
I GABRIEL COLLET

To moi najbliżsi przyjaciele. Są młodsi ode mnie o ponad dwadzieścia pięć lat. Razem tworzą unikatowe duo marimb. To takie dwumetrowe cymbały z drewnianymi klepkami, ogromnie modne na świecie, u nas ciągle nieznane. Na marimbach grany jest dżingiel Polsatu i ścieżka dźwiękowa filmu *American Beauty*. Skończyli konserwatorium paryskie i studia perkusyjne w Belgii. Gabriel jest kompozytorem, Francuzem bez polskich korzeni, ale w ciągu pięciu lat nauczył się mówić po polsku. Ma się ten słuch. Elwira jest warszawianką. Mieszkamy obok siebie w Wilanowie i widujemy prawie codziennie. Poza zamiłowaniem do muzyki łączy

Elwira Ślązak i Gabriel Collet

nas identyczna energia, poczucie humoru i rower. Jeździmy prawie co dzień po Wilanowie, ga-
wędząc. Razem chodzimy wszędzie. Dla świętego spokoju przedstawiam Elwirę jako swoją
bratanicę.

W przyjaźni, tak jak w miłości, wiek nie ma
znaczenia. Z Agnieszką Osiecką było podobnie,
choć różnica pomiędzy nami była mniejsza i łą-
czyło nas co innego, a na pewno nie rower.

Elwira jest wysoką zgrabną pięknością. Nie
lubię koło niej stawać, kiedy robią nam zdjęcia,

ale bardzo lubię koło niej siedzieć i gadamy bez przerwy. Myślę, że łączy nas jeszcze identyczna, zdrowa dieta i niejedzenie mięsa oraz to, że mieszkałyśmy długo za granicą i że mamy podobne poczucie humoru. Porozumiewamy się oczami, mamy te same myśli i identyczne gusty, również polityczne. Nazywam ich „Marimbami" i tak mówią o nich wszyscy przyjaciele. Marimby jeżdżą ze mną na plenery z dziećmi z domów dziecka. Organizuje je moja Fundacja Hanny Bakuły, a dzieci uczą się gry na instrumentach perkusyjnych i poczucia rytmu.

Poznaliśmy się sześć lat temu w pałacu mojego przyjaciela Krzysztofa Malareckiego w Woli Chojnata. Grali recital, posłuchałam zachwycona i zaproponowałam im udział w moim Festiwalu Muzyki Franciszka Schuberta, który organizuję od siedemnastu lat. Od tej pory się nie rozstajemy. Gdzie ty Kajusie, tam ja Kaja, jak mawiali Rzymianie z okazji ceremonii ślubnych.

Portret rysowałam na tarasie hotelu naszego przyjaciela Henryka Sorysa, który udziela mnie i dzieciom gościny na plenery. Widok z tyłu za modelami to zalew w Myczkowcach, które leżą nieopodal Soliny w Bieszczadach. Dom stoi na wzgórzu, a w samym środku krajobrazu rośnie dość brzydki świerk, który dzieli pejzaż na pół.

Sytuację ratuje kępa moich ulubionych brzóz po prawej stronie i niebo zawsze z jakimiś chmurkami albo łuną zachodzącego słońca. Pejzaż ma dla mnie poważną wadę, jest zbyt zielony, ale to lekceważę i rysuję drzewa fioletem i kobaltem. Był to jeden z niewielu pogodnych dni, ale i tak w połowie rysowania zaczęło padać. Na szczęście mieliśmy piwny, wielki, biały parasol. Rysując, mam w nosie pogodę, chyba że moczy obraz. Gabriel puszczał z iPada muzykę, którą ciągle przełączał. Jakoś wytrzymałam dźwięki z klimatów Peru, ale potem nie zdzierżyłam i już było cicho.

Gabriel ma pięknie narysowaną, niepolską twarz i zawsze bardzo starannie potargane włosy. Buzia Elwiry jest porcelanowa, bez defektów, co dla mnie nie jest dobre, bo trudno się do czegoś przyczepić. Za to ma jasną aurę i ciekawe oczy wiewiórki. Pomagają też piękne, długie włosy. Rysowałam ich przez blisko trzy godziny i rozmawialiśmy jak zwykle. Byłam spokojna jak przy autoportrecie, bo rysowanie artystów jest łatwiejsze niż „cywili", którzy nie rozumieją wyjątkowości tego momentu. To jeden z niewielu moich podwójnych portretów. Robię je tylko najbliższym mi parom, bo wbrew pozorom jest to tak, jakby się stroiło dwa skrajnie różne instrumenty, ale zawsze się udaje.

BEATA
TYSZKIEWICZ

Rysowałam Beatę wiele razy, raz córką Wiktorią. Nigdy nie była zachwycona. Niektóre osoby, do których i ja należę, mają wyobrażenie o własnym wizerunku, wiedzą lepiej od artysty, jak wyglądają. Ja swoje portrety robione przez kolegów malarzy trzymam schowane, bo uważam, że jestem na nich paskudna, a oni twierdzą, że podobna. Na moich portretach Beata jest sobą, kobietą, którą ja widzę, a nie odbiciem w lustrze. Te różnice poglądów nie powodują dalszych konsekwencji. Przyjaźnimy się ponad piętnaście lat. Nie pamiętam dokładnie, ale od początku się w Beacie zakochałam, bo jest skrajnie inna ode mnie, ale mamy identyczne poczucie humoru i rozumiemy się jak delfiny, bez słów. Beata nie jest dla mnie dobra jako model, bo jej klasyczna ulotność wyklucza mój sposób rysowania pastelami. Jestem bardzo ekspresyjna i położenie fioletu na nosie czy błękitu na policzkach to dla mnie sprawa normalna, a dla niej nie bardzo i ja to rozumiem. Beata jest niekwestionowaną pięknością i symbolem damy. Ma jasne, popielate włosy, które czesze idealnie do swojej urody. Kiedyś miała dłuższe, a ja wolę krótsze, podniesione z tyłu. Ma błękitne, czasem popielate, pełne ciekawości oczy o fajnych, gęstych rzęsach. Nos Beaty to poemat. Odwrotność mojego. Jest wąski, krótki o idealnie wykrojonych, delikatnych nozdrzach i leciutko zadarty. To nos dziewczynki, który ma na zdjęciach z czasów panieńskich. Usta są pełne, o doskonałej linii. Beata maluje je lekko, ale wyraźnie. I tak dalej. Mogłoby się wydawać, że to wystarczy, żeby powstało arcydzieło, a ja jestem za ostra na takie cuda natury. Najlepiej się czuję w autoportretach, bo mogę robić, co zechcę, i modelka musi mnie słuchać.

Bardzo lubię mieszkanie Beaty, wielkie, pełne obrazów i różnych fantastycznych antyczków, łącznie z drewnianymi, wielkimi figurami szachowymi. Najpiękniejszy jest rodzinny portret młodej kobiety w białej sukni. Stoi sobie, ciągle

Beata Tyszkiewicz

w XIX wieku, i patrzy na zachwyconego malarza. Ubrana jest bardzo elegancko i mogę ją obserwować, siedząc na fotelu i słuchając historyjek, które swoim dziwnym, raczej niskim głosem snuje moja piękna przyjaciółka. Ciekawe, jak ona mnie widzi? Przecież nie powie, bo jest za dobrze wychowana.

BRALCZYKOWIE

Wychodzę z założenia, że przyjaciół trzeba znać koło dwudziestu lat, bo nowe znajomości są niepewne, a stare się pięknie patynują. Małżeństwo wybitnych naukowców – Lucyny Kirwill i Jerzego Bralczyka – pokochałam od pierwszego wejrzenia i słyszenia. Są takie przyjaźnie, gdy nagle czujemy, że zdarzył się cud. Nadawanie i odbieranie na tych samych falach to coś fantastycznego. Lubię ich razem i osobno, bo są zupełnie od siebie różni. Lucyna jest psycholożką zajmującą się agresją, Jerzy polonistą o wiedzy takiej, że aż strach słuchać, ale warto pytać. Uwielbiam, kiedy mówi, bo obraca słowa jak Kopernik Ziemię. Jest gejzerem lingwistyki.

Zna na pamięć całego Mickiewicza oraz resztę wierszy. Pamięć i wdzięk tworzą profesora-orkiestrę. Profesor Bralczyk jest też trochę kaktusem i nie znosi nieuważnych i głupich rozmówców. Nagle się jeży i staje bardzo serio, bo ma słuszne poczucie własnej wartości, mnie to rozczula. Perli się jak szampan z najlepszego rocznika. Jak każda nieśmiała osoba bardzo dba o swój wizerunek, ale bezboleśnie dla otoczenia, chyba że jest naprawdę zły. Lucyna jest jego przeciwieństwem. Słucha uważnie i komentuje bardzo łagodnie. Dziwne to u specjalistki od agresji. Lucyna jest elegancką, doskonale ubraną damą, Jerzy nie dba o stroje i nie lubi eleganckich rzeczy. Ma to w nosie, który wystaje z obfitej, długiej, teraz już siwej brody. Pamiętam czasy, z których pochodzi portret profesorostwa, gdy broda Bralczyka była grzeczniejsza, bo przycięta, i widać było jego wesołe usta. Teraz ich nie pokazuje, a szkoda. Błagam go, żeby to zmienił, ale jak każdy astrologiczny Bliźniak bimba sobie z czyichkolwiek uwag. O ile nie jeździ z odczytami, siedzi w ich pięknym ogrodzie w Milanówku i wygląda jak Lew Tołstoj, jeden z jego ulubionych pisarzy.

Bralczykowie mają piękny dom pełen porcelany i obrazów. Królują Rosjanie, bo Jerzy Bralczyk jest rusofilem, mówiącym pięknie po rosyjsku.

Jerzy Bralczyk i Lucyna Kirwill

Zamiłowanie do wierszy i literatury rosyjskiej nas łączy. Gdy potrzebuję jakiejś książki w oryginale, zawsze ją ma. To ciekawe u polonisty.

⟩ Portret rysowałam jeszcze w moim mieszkaniu na Saskiej Kępie, z widokiem na piękne podwórko, na którym kłębią się brzozy, a ich pnie przypominają kenijskie zebry. Ubrali się paradnie, Lucyna ma piękną krawatkę, bo portret to poważna sprawa, i uzgodniliśmy szczegóły. W tle narysowałam kilim huculski, żeby wprowadzić geometryczne tony. Zdecydowałam się na pion, bo poziome, podwójne portrety kojarzą mi się z nudnymi dziewiętnastowiecznymi ceratami. Tak się na ASP nazywa błyszczące od werniksu bohomazy, na których tkwią jak muchy w bursztynie straszni mieszczanie, a i młodopolscy chłopi. Rysowałam dość długo, bo co dwie głowy, to nie jedna, a i wnętrza tych głów godne Anouilha. Obraz wisi w ich domu, w widocznym miejscu, nad schodami. Modele patrzą ciekawie na malarza, czyli mnie, i wchodzących gości. To jeden z moich najmilszych portretów.

CZESŁAW

J est eleganckim i dowcipnym projektantem
mody. Znamy się od 1998 roku i rysowałam
go sto razy. Naprawdę ma na imię Krzysztof,
ale miał się nazywać Czesław, tylko jego tatusiowi nie udało się przekonać mamusi. Postanowiłam tę sytuację trochę wyprostować i wszyscy,
ze mną na czele, mówimy do niego „Czesławie".
Ja dostałam imię Maria. Postanowiliśmy przyjąć nazwisko Stańczyk na cześć błazna króla Zygmunta namalowanego przez Matejkę. To w ramach rozwiewania mieszczańskiego marazmu.

Poznałam go w samochodzie Krzysztofa Kolbergera, gdy wracaliśmy z bankietu pod Poznaniem. Rano gospodyni poprosiła, żeby każdy

Czesław

wybrał sobie najładniejszy bukiet, bo miała za dużo kwiatów. Okazało się, że on wziął ten, który ja przyniosłam, a ja jego. To zadecydowało o naszej znajomości, która jest pełna pogody i zrozumienia. Nie możemy się przez te lata nagadać do syta i bardzo dużo się śmiejemy. Czesław najpierw był autorem kolekcji Kolbergera, potem pracował przez lata w Deni Cler, był doradcą do spraw wizerunku prezenterów telewizyjnych i nadal prowadzi wykłady o modzie męskiej, której jest wielkim ambasadorem. Jego fantastyczny styl polega na lekkiej ekstrawagancji połączonej z klasyką w najlepszym gatunku. Ma doskonałą sylwetkę, piękne, dobrze obcięte, ciemne włosy i odlotowe buty i dodatki. Moja mama twierdziła, że jest „zbyt obcisły", więc został ochrzczony Obcisłym Czesławem.

Najbardziej lubię nasze portrety podwójne, to znaczy dwa profile jednej głowy. Mój przyjaciel pozuje zawodowo, choć trochę się wierci, bo ma milion pomysłów. W końcu jest astrologicznym Bliźniakiem. Znaczy to, że ma podwójną osobowość. Czasami narzeka, ale śmieje się tak zaraźliwie, jak nikt w naszej paczce. Doskonale gotuje, z wielką fantazją. Ostatnio napisał książki o modzie, które stały się bestsellerami.

Czesław

Najbardziej lubię *Dress code*. To taka elegancka biblia dla osób, które nie potrafią wyrobić sobie własnego stylu i kupują oraz noszą, co popadnie. Tu Czesław spieszy z pomocą.

Stanowczo piętnuje podstawowe błędy i podrzuca pomysły. Uczy Polaków niechodzenia w szortach i nienoszenia krótkich rękawów pod marynarki, prosi o niewypuszczanie koszuli na wierzch poza kurortami, namawia do zrezygnowania z biżuterii poza zegarkiem dobrej firmy i do posiadania kilku podstawowych elementów ubioru, które są zawsze modne, ale nie nadmiernie. Zbyt modne rzeczy są według niego nieeleganckie. Tu się zgadzam. Liczy się jakość i pomysł.

Przy całej migotliwości jest bardzo punktualny i solidny. Nauczył się tego w Belgii, gdzie przez lata był znanym projektantem. Bardzo fajnie rysuje się bliskich przyjaciół, to tak, jakby się rysowało siebie.

ELŻBIETA
MATYNIA-ADAMS

E lżbieta jest pszenna, jak rzymska bogini Junona. Nie piszę tak dlatego, że jest moją przyjaciółką, ale dlatego, że jako polska malarka wychowana na Chełmońskim, Hoffmanie i Malczewskim, umiem docenić taką narodową urodę. Włosy jasne, oczy niebieskie, nos prosty, pełne, młode usta, jakby z jasnym konturem, idealna, jasna cera i duży biust. Polki z tego niestety słyną, ja też, i to od dziecka.

Elżbietę znam od lat siedemdziesiątych. Poznałyśmy się na Festiwalu Teatralnym w Łodzi.

W hotelu Polonia zebrało się kilku smarkaczy, którzy teraz są filarami naszej kultury. Początkujący poeta, młody oficer WP Jacek Cygan,

Andrzej Mleczko, Tadeusz Nyczek, Janusz Płoń-
ski, Krzysztof Jasiński, Elżbieta i ja. Jeden po-
kój, taki zestaw. Od tego czasu się przyjaźnimy
z Elżbietą i większością wyżej wymienionych.

Elżbieta jest bohaterką moich amerykańskich
powieści i opowiadań, bo do Nowego Jorku przy-
jechała zaraz po mnie na stypendium Fulbrigh-
ta. W Polsce obydwie zajmowałyśmy się teatrami
studenckimi. Teraz obie zajmujemy się prawami
kobiet. Elżbieta jest profesorem socjologii w New
School na Manhattanie i autorką wielu doskona-
łych książek naukowych. Od lat jest żoną filmow-
ca Dicka Adamsa, który robił filmy o solidarno-
ściowej Polsce. On mówi świetnie po polsku, a Ela
po angielsku.

Elżbieta to astrologiczny Skorpion, na którego, o ile się zaprzyjaźni, zawsze można liczyć.
A na Elę liczą tłumy i jakoś daje radę, pomaga
wszystkim, których polubi, i tym, którzy są w po-
trzebie, bo tak jest skonstruowana. Jako poważny naukowiec ma na świat zupełnie inne spojrzenie niż ja, a zgadzamy się w stu procentach
i mamy stały kontakt od prawie czterdziestu lat.

Ja, która w miarę zabawnie krytykuję wszystkich, nie krytykuję Eli. Nic mnie w niej nie ra-
zi, bo za dobrze ją znam, żeby zwracać uwagę
na głupstwa. Ela przejmuje się moim szalonym

losem i bardzo ładnie stawia mnie do pionu. Jest jak najbliższa rodzina. Czujna, dociekliwa i bardzo bystra. Często wspomina, jak zaraz po poznaniu skrytykowałam z sobie właściwym taktem jej fryzurę i okulary. Ha, ha, ha, ale zmieniła i dobrze na tym wyszła. Do teraz nie wiem, jak to się stało, że kogoś posłuchała, znałyśmy się kilka dni.

Często jeżdżę do Nowego Jorku, czasem u niej mieszkam, w cudnym mieszkaniu na prestiżowej Fifty First East Street na Manhattanie. To piękna bogata ulica kończąca się skwerem z widokiem na East River. Lata temu widziałam wychodzącą z sąsiedniego domu Gretę Garbo w ciemnych okularach, stonowanej jedwabnej chustce i czarnym kaszmirowym płaszczu. Mało nie zemdlałam. Choć znalazłam się też taras w taras z Shirley MacLaine, bawiąc u znajomych.

Od jedenastu lat jeździmy z Elą i Dickiem do Buska na rehabilitację. A z nami przyjaciele ze Stanów i Paryża, a do tego nasi odwieczni polscy znajomi. Apogeum osiągnęliśmy, gdy było nas piętnaścioro w tym samym czasie. Teraz przyjeżdża nas mniej, co nam pozwala mieszkać w jednym pensjonacie, który jest mały, dyskretny i ma wszystkie zabiegi na miejscu. Ja jeżdżę na rowerze, reszta chodzi na piechotę. Co roku

mam promocję swojej ostatniej książki w sana-
torium Marconi, które jest królem kurortu. Ela
zawsze prowadzi spotkanie i czyta fragmenty,
bo była gwiazdą kółka recytatorskiego w rodzin-
nych Starachowicach. Wiwaty. Sala pełna, około
dwustu osób, a do tego pełny balkon. Ostatnio
zaczęli przychodzić panowie, co nas jako femi-
nistki ucieszyło.

Szewc bez butów chodzi. Narysowałam Eli
tylko jeden pastelowy portret w jej pięknym,
umeblowanym amerykańskimi antykami mieszkaniu po rodzicach Dicka Adamsa, który ma
w swojej rodzinie dwóch prezydentów Stanów

Zjednoczonych i jest tak dobrze wychowany, że czuję się przy nim jak nosorożec. Pozując, Ela wyglądała jak dama z lat dwudziestych. Sprawiały to perły na szyi, spokojna fryzura i seledynowy kolor jedwabnej sukni. Obok wazon z białymi, pękatymi kwiatami. Rysowałam na stole, co jest udręką, bo opieram się ręką i brzuchem. Pył z pasteli nie spada na ziemię, tylko na mnie. Ela pozowała jak zawodowiec. Prowadziłyśmy jedną z naszych rozmów o moim życiu osobistym, chichocząc jak pensjonarki. Trwało to długo, z przerwą na napoje. Ela uważa, w przeciwieństwie do wszystkich, że jest za mało podobna, a ja, że zrobiłam prawie zdjęcie. Załączam fotografię obrazu z modelem. Głos ludu, który jest głosem Boga, rozsądzi. *Vox populi, vox Dei*, jak mawiali moi ulubieni starożytni Rzymianie.

EWA
ZADRZYŃSKA

P oznałyśmy się w Nowym Jorku. Przyjecha-
ła z Zuzią, swoją i Janusza Głowackiego córeczką, prosto ze stanu wojennego. Od razu
wpadli do mnie rano i zostawili na chwilkę dziecko, które było z tego powodu wściekłe, choć małe.
Nie chciało jeść ani pić; telewizora nie miałam.
Postanowiłam się nie przejmować i wzięłam się
za malowanie. Po godzinie Zuzia się dosiadła,
nawet poprosiła o kanapkę. Ewa i Janusz wróci-
li po 22. Ewa jest bardzo utalentowaną dziennikarką w amerykańskim stylu. Znamy się ponad
trzydzieści lat i z przyjemnością obserwuję to, jak
fajnie się nie zmienia fizycznie, a rozkwita zawodowo. Jest twórczynią cyklu filmów *Mój ulubiony*

Ewa Zadrzyńska

wiersz. Filmuje ludzi z całego świata, mówiących swoje ulubione poezje, pokazuje otoczenie tych osób i ich krótkie wypowiedzi o życiu.

Ewa i Janusz pobrali się w Nowym Jorku, gdzie pracowała w „New York Timesie"; z czasem dołączyła do niej Zuzia, która podrosła nadspodziewanie. Teraz jest efektowną, utalentowaną po obojgu rodziców kobietą. Najpierw byliśmy sąsiadami na East Eleventh Street, gdzie bywałam u nich na rannych kawach z własną filiżanką, nie ze skąpstwa gospodarzy, ale tak było zabawnie. W ogóle bawiliśmy się doskonale pomimo braku kasy i możliwości (w tym czasie) powrotu do domu, w którym byliśmy kimś, a nie nieznanymi emigrantami. Potem przenieśli się na Siódmą Ulicę, a na koniec na ponad setną na zachodzie Manhattanu, ale i tam ich odwiedzałam w pięknym jasnym mieszkaniu w starym przedwojennym domu z afroamerykańskim portierem. Chyba najmilsze były jednak nasze wypady na zakupy do sklepów markowych, ale z rzeczami jakoś uszkodzonymi. Brak guzika, paska, dziurka, dziura, pół spódnicy i tak dalej. Należy pamiętać, że wtedy nikt z nas nie miał pieniędzy na normalne sklepy i jestem z tego dumna, że na zdjęciach z NY wyglądam jak milion dolarów. Ewa jeszcze lepiej, bo nosi rozmiar 34, czyli lalki

Barbie, a to jest tusza zamożnych Amerykanek twierdzących, że kobieta nigdy nie jest za chuda ani za bogata. Święta prawda. Kibicuję działaniom Ewy i lubię ją za niezwykłą bystrość i niepolską pragmatyczność. Portret rysowałam w Warszawie lata temu, ale jak zwykle była ubrana doskonale. Na jej elegancję składa się jeszcze parę cech. Jest zawsze uśmiechnięta, niezwykle gościnna i umie uważnie słuchać. To tajemnica jej profesjonalizmu. No i jest bardzo wesoła, co może się wydawać cechą drugorzędną, a dla mnie jest najważniejsze.

IZA JARUGA

I za, tak jak Agnieszka Osiecka, składała się z kilku niepowtarzalnych elementów, które połączone czarodziejsko dawały twarz niezwykłą jak renesansowy obraz z delikatnymi laserunkami. Iza pokazywała w uśmiechu ogromną liczbę pięknych zębów, ale zębów się na portretach nie rysuje, więc musiałam znaleźć coś innego. Było tego sporo. Zawsze fantastycznie ostrzyżone mocne blond włosy, tworzące *passe-partout* dookoła ogromnie sympatycznej twarzy. Piękne, zielone oczy z ładnymi brwiami, delikatny zarys szczęki. Nos akurat do rysowania i usta o wyraźnym kształcie, ale niezwykle ruchliwe, jakby gumowe, układające się w śliczne uśmiechy.

Dla mnie najważniejszy był głos z lekką chrypką. Lubię głosy, które brzmią, jakby mówiący wkładał w to wysiłek, szukał czasu do namysłu, głosy z lekkim szelestem, a momentami dźwięczne jak cymbałki. Iza przez swoją migotliwość była bardzo skomplikowanym modelem, a dzięki niej zupełnie łatwą w użyciu przyjaciółką. Przyjaźniłyśmy się od pierwszego wejrzenia przez ponad dziesięć lat, do jej niepotrzebnej śmierci pod Smoleńskiem. Istotą naszej znajomości było zamiłowanie do śmiechu, podróży, ruchliwość i entuzjazm. Byłyśmy rówieśniczkami spod chińskiego znaku Tygrysa, który jest odważny, wytrzymały i bywa groźny. My groźne nie byłyśmy, ale tygrysie cechy wzmacniał fakt, że ja jestem Baranem, a Iza była Lwem, który urodził się o dzień za późno. Zakładałyśmy, że jej mama zapomniała o terminie. Podróżowałyśmy, synchronizując terminy. Moje wernisaże bez niej były nie do pomyślenia, podobnie festiwale filmowe czy konferencje feministyczne. Spotykałyśmy się kilka razy w miesiącu na małych kawach, często na kolacjach z naszymi panami. Ostatnią zakończyłyśmy po północy z 9 na 10 kwietnia. Tłumaczyliśmy jej, że nie musi lecieć, a ona twierdziła, że nie wypada odmówić prezydentowi, bo była bardzo obowiązkowa. Ja bym nie poleciała, choć

Iza Jaruga-Nowacka

obowiązkowa jestem, jako dziecko wojskowego.
Jej córka Basia mieszka w domu położonym nie-
daleko mieszkania Agatki, córki Agnieszki. Mają
synków w podobnym wieku, dwóch Kubusiów.
Myślę, że to jakiś znak od moich przyjaciółek.

Portret Izy rysowałam w swoim mieszkaniu
z widokiem na łąki wilanowskie, na których nie
było jeszcze Miasteczka Wilanów i nie snuły się
„słoiki". Była jesień. Iza przyszła w pięknym, be-
żowym, kaszmirowym płaszczu, pod spodem
miała to, co ustaliłyśmy, ale poprosiłam, żeby nie
zdejmowała okrycia. Postawiłam ją na tle widoku
i parę godzin gadałyśmy o wszystkim i wszystkich. Szczerze mówiąc, lubiłyśmy plotkować, ale
delikatnie, na miarę naszego identycznego poczucia humoru. Cały czas żartowałyśmy, a portret jest bardzo smutny, jakby rysowany po ka-
tastrofie. Wiele osób pyta, kiedy pozowała.

Iza patrzy na mnie z zaufaniem i zupełnym
brakiem kokieterii, którą miała w nosie jako
czołowa feministka. Byłyśmy bardzo zadowolone z tego popołudnia. W tle narysowałam gołe
drzewa rosnące na burych łąkach w odcieniu jej
płaszcza. Ponieważ w tym czasie Iza była premie-
rem, musiała zgłosić prezent ode mnie jako korzyść majątkową i zapłacić podatek. Wydało mi
się to bardzo zabawne. Portret wisi w gabinecie

jej męża Jerzego Pawła Nowackiego, którego sportretowałam „do pary", tak jak czyniono w renesansie.

JERZY PAWEŁ
NOWACKI

Jego Magnificencja Jerzy Paweł Nowacki zamówił u mnie swój portret już po śmierci swojej żony Izabeli Jarugi-Nowackiej. Chciał, żeby portrety były parą. Podobny zabieg stosowano od czasów renesansu do okresu międzywojennego. Osoby portretowane łączył wspólny koloryt, kompozycja. W tym wypadku wymyśliłam ciągłość pejzażu w tle, tak jak to było w obrazie Piero della Franceski, przedstawiającym małżeństwo Montefeltro. Portrety są profilem, bo zamawiający je mąż miał zniekształconą w bitwie twarz i nie mógł być przedstawiony *en face*, więc żona też musiała być profilem. Ciekawostką jest to, że kiedy powstawał

Jerzy Paweł Nowacki

jej portret, dawno nie żyła. Artysta oparł się na opowieściach bliskich osób, tylko piękny strój modelki jest prawdziwy. Blady, tiulowy koloryt twarzy wskazuje na osobę z zaświatów. Pomysł oparty na obrazach Piero della Franceski podobał się zleceniodawcy i zaczęła się ciężka praca. Rysowanie dojrzałego mężczyzny jest trudne, bo tak jak dojrzała kobieta uważa, że czas go ominął. W tym wypadku czas zachował się ładnie. Magnificencja ma pewną posągowość, a jednocześnie coś zabawnego w wyrazie twarzy, szczególnie ust. W portrecie musiałam złapać pewną dwoistość jego osobowości i tylko pozorny spokój. Mężczyzna nie ma podstawowych, świetnych do rysowania cech: rzęs, pomalowanych ust, dekoltu z rowkiem ani loków. Trzeba skupić się na wyrazie nie tylko twarzy, ale całej postaci. Ponieważ portret Izy jest stojący, Jerzy Paweł przyjął podobną pozę, tyle że na ramionach ma zarzucony ulubiony szalik.

Oboje modeli wystąpiło w kaszmirowych płaszczach. Izy harmonizuje z kolorytem wilanowskich łąk, które uwielbiam rysować. Jerzego jest klasyczną czarną dyplomatką. Pejzaż przepływa, jakby z portretu na portret. Rysowałam w domu Izy i Jerzego, który znam od lat. Na ścianie powiesiliśmy portret Izy, a ja ze sztalugą stanęłam obok, żeby idealnie zsynchronizować tło i koloryt. Było to ciekawe wyzwanie, bo jednocześnie chciałam sygnalizować renesansowe podłoże pomysłu. Bardzo to były spokojne i miłe godziny, choć model trochę drzemał, bo stał w ciepłym płaszczu i szaliku, a za oknem z widokiem na japoński ogród śmiało się słońce.

W następnych dniach przenieśliśmy się do mnie, bo trzeba było porównać proporcje pejzażu. Potem postanowiłam spokojnie skończyć sama, bo bardzo mi zawsze żal stojącego modela. Korzystałam ze zdjęć z czasów średniej młodości Magnificencji. Wyraz twarzy był inny, ale proporcje idealnie takie same. Zdjęcia wisiały w pracowni, czułam, jakby mi się bacznie przyglądał, pilnując, czy jest dostatecznie przystojny i renesansowy. Miałam problem z kolorytem twarzy, bo lubię kolorowe akcenty i kontury, a tu miało być dostojnie. Dałam radę. Portret wisi zadowolony koło swojej drugiej połowy. Pełny renesans.

JACEK CYGAN

Jacka znam i lubię od lat. Spotkaliśmy się, tak jak z Elżbietą Matynią i większością późniejszych przyjaciół, w Łodzi na Festiwalu Teatru Studenckiego. W tym spotkaniu mieszały palce wyższej mocy, bo skąd taki skład?

Są osoby, które mają talent do zabawy. To nas łączy z Cyganami. Przehulaliśmy lata dziewięćdziesiąte, organizując bale i wyjazdy dla przyjaciół. Bawiliśmy się kilka razy w tygodniu. Najchętniej w małym segmenciku na Kleczewskiej, należącym do Państwa Cyganów, Jacka i jego żony Ewy Łabuńskiej, też koleżanki z lat siedemdziesiątych.

Jacek Cygan

Jacek na progu nowej epoki zaczynał być naprawdę sławny, choć zawsze był bardzo znany. Lubiłam wtedy infantylną pioseneczkę „Laleczka z saskiej porcelany, twarz miała białą jak pergamin, dawno już odszedł ukochany, a ona wciąż tęskniła za nim". Coś dla mnie, tym bardziej, że „jej siostrą była dumna waza, a bratem zabytkowy lichtarz". Robiliśmy wyprzedaże ubrań na Rynku w Kazimierzu, na cele charytatywne, oraz przeróżne bale, tamże. Kazimierz nie był wtedy jedną wielką piwiarnią z parasolami, tylko ślicznym pustawym miasteczkiem. Jeździłam tam z Grzesiem Ciechowskim i Bogdanem Łazuką popracować, bo byliśmy solo w SARP-ie. Wtedy jeszcze wszyscy trzymaliśmy się razem. Do historii przeszedł bal Kaziów w Kazimierzu. Trzeba się było przebrać za coś związanego z Kazimierzem: za króla Kazimierza, Esterkę, Żyda, Cygana, Kazia z sektora usługowego, Wisłę, rynek, spichlerz, mógł być królewski błazen itd. Ja dorobiłam sobie wąsy i koronę, stając się identyczna jak król Kazimierz Wielki. Kasia Lengren była Kaziem Lengrenem.

Mój mąż przebrał się za pana Kazia, hydraulika ze srebrnym zębem z przodu, niesłychanym wąsikiem i w bereciku. Wszyscy wyglądaliśmy bajecznie. Bal odbywał się w obecnie zamkniętej

Esterce z socjalistycznym menu. Potem był spacer po rynku. Zajęliśmy wszystkie taksówki i jeździliśmy w koło, bo był straszny mróz i tak było cieplej. Gawędziliśmy, otwierając okna. Obchodziliśmy chiński i żydowski Nowy Rok, robiliśmy wielki bal hiszpański, podczas którego wszyscy się przebrali w teatralne kostiumy.

Do tradycji należały całonocne wiosenne przyjęcia u Cyganów. Jacek nosił wtedy zabójczy czarny wąs i czarne włosy. Kiedy nadszedł czas portretu, postanowiliśmy, że powinien mieć gitarę, cygański czarny kapelusz z dużym rondem i czerwoną koszulę. Rysowałam w mojej małej pracowni na Saskiej Kępie, tuż obok mieszkania Agnieszki, która też się z Jackiem przyjaźniła. Przyszła zerknąć. Z przykrością nie zaprosiłam Ewy, bo model musi być sam z artystą. Nie robię wyjątków, chyba że pozuje para. Rysowałam krótko, bo Jacka znałam na pamięć, poza tym był zbiorem charakterystycznych cech i pozował zawodowo. Przez drzwi balkonowe wpadały saskokępskie zapachy i cudne światło. Gawędziłam z prawdziwym poetą, bo Jacek nim jest. Uwielbiam jego wiersze niepodobne do jego beztroskiego wizerunku. Są głębokie i wcale nie wesołe. To akurat prawie reguła, bo osoby wesołe na wynos, rzadko naprawdę takie są.

Z portretu wesołego Cygana jestem zadowolona, bo pokazuje dynamicznego chłopaka, króla Cyganów z lat dziewięćdziesiątych, rysowanego przez „Witkacego w spódnicy", jak mnie nazywają od tamtych czasów.

JANUSZ GŁOWACKI

J anusz jest, według mnie, najzdolniejszym polskim pisarzem i dramaturgiem oraz ostatnim playboyem w Warszawie. Od pierwszej chwili, kiedy jeszcze byłam w szkole, uwielbiam prawie wszystko, co napisał, i nadal słyszę każdą jego literkę. Ma słuch absolutny oraz japońską zdolność syntezy i brutalność. Widzi wszystko, nie ma złudzeń, nikomu nie przepuszcza. Grecy mówili „Im więcej wiedzy, tym więcej smutku". Ot co.

Na wstępie jednak krótka definicja playboystwa, bo talentu pisarskiego nie da się zdefiniować. Playboy to mężczyzna przystojny, elegancki i cyniczny, znający swoją dużą wartość

Janusz Głowacki

rynkową i potrafiący to wykorzystać. Jest jak silnik turbo napędzany ofiarną adoracją pięknych, jak również popularnych kobiet. Bardzo poszukiwany w latach pięćdziesiątych–osiemdziesiątych XX wieku, teraz zanikł, bo kobietom chodzi głównie o pieniądze, a ich posiadacz może być analfabetą.

Janusza rysowałam w Nowym Jorku na East Eleventh Street, w mojej pracowni. Mieszkał dwa domy dalej i intensywnie się wtedy przyjaźniliśmy, pod łaskawym okiem jego żony, a nawet kudłatej uroczo córki, która była na etapie negacji wszystkiego. Portret wygrała ode mnie Ewa, żona Janusza, w wyniku zakładu o tytuł bajki Andersena *Syn dozorcy*. Ja twierdziłam, że słowo „dozorca" jest zbyt współczesne, a tytuł plebejsko-socjalistyczny, ale po sprawdzeniu okazało się, że miała rację, choć chodziło o wydanie z 1954 roku, czyli poststalinowskie.

Janusz pozował w czarnym podkoszulku na tle białej ściany. Takie osoby nie potrzebują tła.

Anieli grali, a model uśmiechał się serdecznie, mając grobowy wyraz twarzy. Brak mimiki i wyraz lekkiego znużenia, zwanego przez moją babcię zblazowaniem, jest u playboya szczególnie ważny dla wizerunku. Na portrecie widać siłę spokoju i totalny brak zainteresowania sytuacją, ale rysunek ma charakter. Bardzo chciałam go (rysunek, oczywiście) mieć w depozycie, ale mi się nie udawało do czasu, kiedy po latach odwiedziłam Janusza w Warszawie. Smutny portret stał oparty o ścianę, bo Janusz z zasady nie wbija haków, więc dzieło zabrałam do solidnego oprawienia. Potem oboje zapomnieliśmy. Przypomniało mi się teraz wraz z historyjką, jak będąc jeszcze w szkole, ubrałam się w bułgarski superkożuch i buty mamy, wymalowałam wyzywająco, żeby pojechać na plan filmu *Polowanie na muchy*, kręconego w akademiku Dziekanka. Plan ogrodzony był grubym sznurem. Stali ochroniarze, wszyscy wokół mieli furmańskie białe kożuchy. Janusz miał rozpięty, a pod nim czarny golf. Wyglądał pięknie. Tak pamiętam. Pomysł był prosty. Podchodzę do niego, patrzę w oczy i daję kartkę z telefonem. Tak się robiło w filmach. Janusz dzwoni. Umawiamy się w Bristolu i oświadcza mi się po rozmowie o jego książkach. Próbowałam przejść pod sznurem, ale spostrzegł mnie ochroniarz i zaczął wypychać. Janusz patrzył obojętnie. Nie wiedział, kogo wypychają, ale i tak byłam rozgoryczona. Już mu wybaczyłam. Bardzo jest z tego powodu szczęśliwy.

JANUSZ
OLEJNICZAK

Odkąd pierwszy raz usłyszałam grę Janusza na fortepianie, nie lubię innych pianistów. Ich grę zawsze porównuję z jego nieuchwytnym, jakimś poetyckim, kosmicznym zasłuchaniem w siebie. Chciałam w ten sposób podkreślić, że Janusz jest wielkim artystą i bardzo zasługuje na wszelkiego rodzaju portrety, takoż pomnik z brązu naturalnej wielkości w Żelazowej Woli. Poznaliśmy się w programie TVP w 1992 roku. Janusz opowiadał o tym, jak przypadkiem koncertował w domu uciech w Ameryce Południowej, ale o tym nie wiedział, bo był jeszcze młodzieńcem. Trochę go tylko dziwiło, że były same panie w bieliźnie. Zakochałam się od pierwszego wejrzenia. Ciekawe, że przedtem nie słyszałam go na żywo. Ja mówiłam o tym, jak jechałam przez Stany greyhoundem, owinięta w „New York Timesa", bo była klimatyzacja, ja półgoła, a kierowca nie chciał dać mi torby, bo była głęboko w luku. Cała gazeta się na mnie odbiła, wyglądałam jak wytatuowana i wszyscy mnie czytali, gdy wysiadłam. Historyjka była tak dobra, że Janusz się też zakochał. Przeżyliśmy zabawne lata i do teraz bardzo jesteśmy zaprzyjaźnieni. Portret powstał zaraz po naszym poznaniu. Kiedy wychodziliśmy po programie, Janusz zapytał:

– Słuchaj, a kiedy zrobisz mi portret?

A ja na to:

– Czy jesteśmy na ty?

– Przestań, czy to nie wszystko jedno, kiedy przejdziemy na ty, bo przecież przejdziemy?

Wykrakał. Rysowałam w mojej pracowni na Dąbrowieckiej 32, naprzeciwko mieszkania Agnieszki Osieckiej. Janusz miał niebieskie oczy, zieloną marynarkę, wiśniowy, wzorzysty, jedwabny szalik i dużo ciemnoblond włosów. Żartował cudownie. Faktycznie przypominał Chopina, który też był dowcipny i złośliwy. Zapytałam *pro forma*, co chce w tle. Byłam pewna, że przynajmniej steinwaya. A on poprosił o łódeczki rybackie, takie jak na Helu. I portret, i łódeczki

Janusz Olejniczak

wypadły ślicznie. Może dlatego, że światło wpadające przez balkon, filtrowane przez liście topoli oraz jasność powietrza, były niezwykłe i odświętne. Zwykle nie zakochuję się w modelach, a nawet rzadko rysuję tych, w których zakochana jestem, jednak na tym portrecie widać w spojrzeniu Janusza, jak nam jest ze sobą miło. Tu nadmieniam, że rysując, widzi się duszę i dwa razy więcej, niż tylko patrząc. Wyostrzają się kontury. Poszczególne elementy składające się na twarz i ułożenie ciała nabierają ostrości. Bóg świeci halogenową latareczką i czyni cuda. W takiej sytuacji pomiędzy modelem a artystą wytwarza się pole magnetyczne. Dlatego wielu malarzy było kochankami modelek i modeli. To wydaje mi się naturalne, bo kto jest bliższy człowiekowi niż ten, który poświęca mu sto procent uwagi i przenosi do wieczności? Otóż nikt.

Potem wyszliśmy na ulicę, gdzie stała Agnieszka Osiecka, oglądając swoją nową czerwoną toyotę. Wyglądali jak rodzeństwo. Oboje bladoocy, północni, dwie Wagi, dwoje artystów, dwójka moich cudownych przyjaciół. Januszowi i jego siostrze Dorocie zrobiłam wiele portretów, bo się doskonale nadają do pozowania. Wąskie twarze, spore nosy, jasne, dobrze wykrojone oczy, piękne ręce. Do teraz uważam Janusza za największego polskiego pianistę. I w dodatku najweselszego i najbardziej inteligentnego. Stara miłość nie rdzewieje, tylko się patynuje.

JOANNA DARK

J oasię znam dwadzieścia lat, od jej sukcesów w musicalu *Metro*, po którym związała się na wieki z moim przyjacielem Markiem Dutkiewiczem, do tego stopnia, że mają synka Ksawerka. Niewiele się zmieniła. Nadal przypomina pazia króla Zygmunta. Ma w sobie gotyckość i renesansowość. Szczególnie w szczupłych nóżkach, zawsze obutych w coś ślicznego, ale nigdy z za wysokim obcasem, bo Joasia, sama w sobie jest bardzo długa. Jest niby piosenkarką, ale ma za poważny głos i sposób śpiewania. Nie kojarzy się z piosenkami, raczej z jazzem z najlepszych czasów. Ma włosy anioła ze starych obrazów. Lubię jak nosi je rozpuszczone. Ubrana jest zawsze

Joanna Dark

bardzo elegancko i modnie. Z zawodu jest pedagogiem dziecięcym, teraz studiuje logopedię. Niedługo zacznie mnie poprawiać, choć nie seplenię od urodzenia.

Joasia pochodzi z Torunia, który uwielbiam od czasu, gdy tam studiowałam na Wydziale Sztuki, a jeszcze bardziej lubię toruniaków, prawie jak poznaniaków. Gotycka moja koleżanka jest idealna do rysowania, ale nie mamy za dużo czasu na głupstwa, dlatego portret jest jeden. Na czerwonym tle. Modelka z burzą włosów siedzi profilem, bo tak wolę. Zostawiłam mnóstwo tła, tak że twarz jest czerwona, choć dla mnie Joasia jest uosobieniem błękitu. Tylko włosy falujące i leciutkie są solidnie, renesansowo narysowane. Akurat tego dnia były w Joasi najważniejsze. Rozmawiałyśmy jak zawsze zabawnie, bo mamy podobne poczucie humoru, dla niej jestem Bakułem i nie mam imienia. Na nią mówię Jołasia, też to łyka. Bardzo lubię z nią przebywać, bo jest skrajnie inna niż ja, bardziej poukładana i wiele można się od niej nauczyć, ponieważ ma w sobie solidną pedagogiczną nutę. Tu nadmieniam, że uczę się chętnie od każdego, kto coś wie.

JOLANTA
KWAŚNIEWSKA

Portret rysowałam, kiedy Jola była panią prezydentową, dlatego było z tym mnóstwo kłopotów. W prezencie zamawiał go sponsor mojej fundacji, a ja byłam tylko boskim narzędziem. Zdecydowałyśmy, że wygodniej i łatwiej będzie dla nas obu, jeśli przyjadę do Pałacu Prezydenckiego ze sztalugą, deską, papierami, pudłem pasteli i sprayem do fiksowania rysunku, niż miałybyśmy gromadzić tłum ochroniarzy na moim podwórku. Pod wejście Pałacu Prezydenckiego podwiózł mnie bardzo przejęty kolega. Warta honorowa zezowała ciekawie. Pałac znałam ze spotkań, które prezydentostwo organizowali dla artystów. Miały one cudny luźny

Jolanta Kwaśniewska i Autorka

charakter, wszyscy się dobrze znali, więc trwały po kilka godzin. Tak się poznałyśmy, a polubiłyśmy, z osobistą nutką, podczas obiadu z Hillary Clinton w Sali Bankietowej. Pojawiły się wszystkie ważne kobiety, artystki, aktorki, polityczki, biznesmenki, profesorki. *Tout le monde*. A potem był już najwyższy czas na portret, tym bardziej, że moja fundacja obchodziła dziesięciolecie i nadarzała się świetna okazja, żeby go wręczyć najważniejszej z modelek.

Bardzo trudno pracuje się poza własnym miejscem, a jeszcze trudniej w pokoju z dywanem i empirowymi meblami. Za to jest ogromna przestrzeń i widok na śliczny ogród za tarasem.

Modelka w profesjonalnym makijażu ubrana była w piękną czerwoną bluzkę i czarny, barokowo ozdobiony kapelusz z dużym rondem, który zaprojektowała sama na przyjazd do Polski królowej Hiszpanii, Krystyny. Jola pozowała w ładnym barokowym fotelu, a ja szperałam w rozłożonych na stoliku pastelach i spokojnie rysowałam. Kimkolwiek by był model, nie robi to na mnie wrażenia podczas portretowania. Widzę formę, bryłę kolor, faktury materiałów, błysk w spojrzeniu, ruch ust, a szczególnie rąk, które mają swoją osobną mowę, a ja ją rozumiem. W dawnych czasach klient płacił za obecność dłoni na obrazie podwójną cenę.

Rysowanie przerywane piciem kawy trwało kilka godzin. O ile rysuję osobę niezaprzyjaźnioną, a wtedy nie byłyśmy jeszcze przyjaciółkami, prawie nic nie mówię. Słuchanie modela jest jak muzyka w radyjku, nie przeszkadza w skupieniu. Kiedy podejrzewam, że modelka nie jest mi specjalnie bliska intelektualnie, robię zdjęcie, z którego rysuję, a ona wpada na godzinę i mogę uzupełnić to, czego nie ma na fotografii. Tak samo postępuję z dziećmi, których staram się nie rysować, bo nie mają jeszcze tego, czego szukam w modelach.

Pracowało mi się doskonale, Jola była bardzo karna i nie mówiła, gdy o to prosiłam. Ma gładką migotliwą twarz młodego mandaryna. Jest coś takiego w skosie jej oczu i ciemnych bardzo włosach oraz wykroju ust, co nasuwa mi takie skojarzenie. Nikt nie zwrócił uwagi, że Aleksander Kwaśniewski ma podobnie ustawione oczy. Portret wypadł dobrze, co obie radośnie stwierdziłyśmy. Popsikałam go fiksatywą i zabrałam do oprawy.

Wreszcie nastąpiło uroczyste wręczenie obrazu w hotelu Mercure. Wieczór prowadzili Beata Tyszkiewicz, która zasiada w zarządzie mojej fundacji, i Krzysztof Kolberger, odwieczny kolega. Biegałam, pilnując protokołu, Jola zaproszona na scenę przyjęła swój oprawiony portret z rąk prezesa firmy sponsorującej moją fundację i było ciepło jak na Florydzie. Dzieci z domów dziecka, którymi się zajmuję, podskakiwały ze szczęścia, a najbardziej wtedy, gdy pani prezydentowa zaprosiła je na zwiedzanie pałacu, co wkrótce nastąpiło. Dzieci, niektóre z nich teraz już dorosłe, wspominają ten dzień do dzisiaj. Ja też. Tak zaczęła się nasza serdeczna znajomość.

Jolanta Kwaśniewska, która dla mnie od lat jest Jolą, ma żywe spojrzenie osoby szybko myślącej i działającej. Jako astrologiczna Bliźniaczka jest wesoła i lubi się bawić. Do ludzi ma niedzisiejszy, entuzjastyczny stosunek, chyba że się zawiedzie. Je i gotuje bardzo zdrowo, dba o siebie i o rodzinę, za mężem przepada z wzajemnością. Piszę o tym, bo to dobra wiadomość, tak jak ta, że fundacja, którą kieruje, robi wiele dobrego i daje ludziom dużo nadziei. Jest supermamą i życzliwą teściową, kocha zwierzęta. Osoby, które ją krytykują, powinny sobie zrobić próby wątrobowe.

KORA

Korę znam ponad trzydzieści pięć lat. Byłam świadkiem jej pierwszych sukcesów, a ona moich. Od początku uważałam, że jest genialna i nadal tak sądzę. Pamiętam ją w Opolu w 1980 roku. Śpiewała *Buenos Aires* i przy ukłonach pękły jej na pupie spodnie. To był emocjonalny, niesłychany, szczególnie wtedy, występ. Kiedy zaczęłam od 1984 roku bywać w Polsce, bo od maja 1981 mieszkałam w Nowym Jorku, zawsze połowę pobytu spędzałam u Kory w Krakowie. Mieszkała w bloku na parterze. Klatki schodowe nie były jeszcze wtedy zamykane i dookoła jej drzwi znajdowały się tysiące napisów wyrażających uwielbienie. Wtedy była polskim

Michaelem Jacksonem. Stworzyła spójną kreację siebie i swojej muzyki. Jest zaczarowana i czarowna. Ma to w twarzy. Szczególnie w kościstych skroniach i dziwnie, ptasio i uważnie patrzących oczach. Góra twarzy to część intelektualna. Częścią zmysłową są usta. Przepięknie wykrojone, migające jak zajączki na strumyku. Słusznie maluje je na czerwono. Włosy zawsze miała króciutkie, raz ciemne, raz jasne. Wolałam ciemne, ale ciągle coś zmienia. Teraz z trudem przyzwyczajam się do nowej, dłuższej fryzury typu „piorun w szczypiorek". Z Korą nie jest łatwo, bo nie uznaje półcieni. Jest szalenie wyrazista i to przyniosło jej sukces artystyczny, ale dla osób, które znają ją mało, może być uciążliwe. Kora jest dowcipna, złośliwa i wesoła, jak każda astrologiczna Bliźniaczka. Ma w sobie pierwiastek wielkiej gwiazdy. Uwielbiam to, bo jestem zupełnie pozbawiona jej emfazy. To, że śpiewa, to jedno, ale znacznie ważniejszy jest fakt, że jest poetką. Doskonale się rozumiemy i nie musimy się kontaktować, żeby czuć wzajemną sympatię. Malowałam ją i rysowałam przez te lata dziesiątki razy, bo jest fantastyczną, świadomą modelką. Najzabawniejsze było pozowanie na działce wiejsko-leśnej moich rodziców pod Radzyminem. Planowałam wtedy olejny obraz *Kuszenie świętego Antoniego.* Kora i jej Kamil. Ona w bieliźnie, pończochach z podwiązkami i w białym kapeluszu. Kamil czyta i nie patrzy, bo jest święty. Ustawiła się w ogródku. Ojczym podlewał trawę po drugiej stronie domku, mama czytała na werandzie. Kora się rozebrała i zaczęłam pracę. Najpierw ojczym upuścił szlauch, czyli wąż do podlewania, a potem zaczął iść w naszą stronę jak zahipnotyzowany, bo Kora była zjawiskowo sexy. Mama przestała czytać i siedziała jak żona Lota. Drogą przejeżdżał sołtys traktorem. Zemdlał, zawrócił i oto cała męska część wsi Ruda zaczęła defilować przed naszym parkanem. Należy pamiętać, że byłyśmy wtedy ledwo po trzydziestce, a Kora stała się bożyszczem. Udawaliśmy, że nic się nie dzieje, malowałam duży obraz olejny do czasu, kiedy przyleciała osa i ugryzła goławą Korę w biodro, które zaczęło puchnąć. Ojczym rzucił się po cebulę, która przyłożona pomaga na ukąszenia i chciał nacierać. Mama zaprotestowała. Biodro puchło. Nie pamiętam, co robił Kamil. Ja się śmiałam, ale do czasu, bo inna osa ucięła mnie w palec wskazujący, który nagle zaczął przypominać serdelek. Nie mogłam trzymać pędzla. Obraz powstał mimo wszystko i jest – według mnie – dziwnie interesujący. Kora zaś jak zwykle piękna.

KUBUŚ

Mój drugi, ulubiony mąż i przyjaciel. Jesteśmy trzydzieści lat po rozwodzie, a ja chodzę z jego mamą, Teściową Stulecia, lat dziewięćdziesiąt trzy, do kina i śmiejemy się jak dzieci, bo jest niesłychanie dowcipna. Kuba też. Poznaliśmy się, gdy on miał dwadzieścia, a ja dwadzieścia dwa lata, w samolocie do Moskwy.

Nie był to przypadek, bo to zaaranżowałam, pomimo kosztów. Zakochałam się w nim bowiem już wcześniej, ale nie było sensu go informować, ponieważ by się spłoszył. Był ciut aroganckim, zamożnym, świetnie ubranym playboyem i ciągnął się za nim korowód najładniejszych lasek na ASP. Dałam radę, a to dzięki wypadkowi

Hanna Bakuła i Kuba Gontarczyk

samochodowemu, w którym połamałam się doszczętnie i miałam lekko zmasakrowaną twarz. Kuba jest dobry, więc się we mnie zakochał i wzięliśmy ślub, gdy jeszcze poruszałam się o lasce (tym razem chodzi o przyrząd ortopedyczny). Myślę, że bardzo pomogło to, iż oboje byliśmy artystami i mieliśmy identyczną wrażliwość oraz diabelski temperament. Nie mówię tylko o seksie, ale o najdzikszych pomysłach, które realizowaliśmy w sekundę. Gdy teraz sobie przypomnę nasze wyczyny, to mi włosy stają dęba. Kuba był wtedy dla mnie idealnie dopasowaną drugą połową jabłka. Nie mam jego pojedynczych portretów. Ponieważ ani na chwilę się nie rozstawaliśmy, na obrazach też jesteśmy razem. Ja, zawsze lekko z przodu, bo taki mieliśmy układ. Uwielbialiśmy wzajemnie swoje prace i był moją prawdziwą muzą. Przez sześć lat malowałam, a on mi robił doskonałe korekty. Kuba mieszka w Nowym Jorku i robi świetne projekty architektoniczne. Nadal nosi buty do kolan i dziwne, eleganckie ubrania. Ma wnuczkożonkę Węgierkę, plastyczkę, i dwie supercóreczki. Portret, który pokazuję, powstał, kiedy dopiero zaczynaliśmy być razem. Wisi u mnie w sypialni.

MACIEK

Poznaliśmy się w ósmej klasie w liceum imienia Ruy Barbosy. Kompletem do Maćka był jego piękny przyjaciel Sroka, brat Tomek i jego ukochana od wieków żona Anita. Bardzo zabawnie jest znać kogoś tyle lat. Można się zachowywać zupełnie naturalnie i czasem bawić się w przypominanie sobie, jak obecny jegomość wyglądał jako czternastoletni chłopiec. Wszyscy się zmieniliśmy fizycznie, ale charaktery pozostały.

Maciek, który jest moim pogotowiem technicznym i bankietowym, był zawsze taki sam jak teraz. Z natury jest pragmatycznym inżynierem, ale rozumie, co robię, ma szacunek dla sztuki, a to jest cecha inżynierów. Czasami werbalizuje

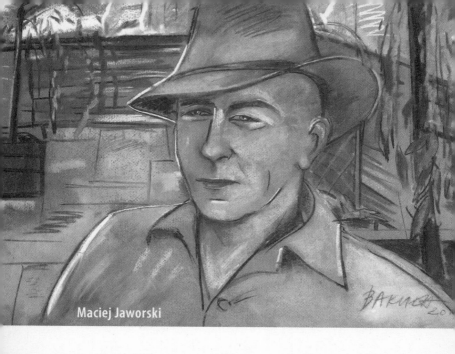

Maciej Jaworski

swój podziw, co uwielbiam. Mieszkamy osiem-
set metrów od siebie, w Wilanowie. Jeździmy
razem na rowerach, chodzimy na imprezy. Pochodzi z dobrej rodziny, odebrał przedwojenne
wychowanie i damę, choćby była eks-Hanią Banią, odwozi i przywozi do domu. Dba o mnie na
bankietach i zawsze wie, co mi podać. Jesteśmy
jak rodzeństwo i czuję, że jest ze mnie rodzin-
nie dumny.

Piszę o tym dlatego, że tego typu relacje moż-
liwe są tylko między osobami, które są ze sobą bardzo szczere. Nie można oszukiwać kogoś,
z kim się grało w piłkę albo ozdabiało krepiną sa-
lę gimnastyczną przed zabawą. Jak reszta naszej

paczki, Maciek dobrze tańczy. Szkoda, że słabo tańczą wnuczkożonki, za którymi się ogląda i uważa, że one za nim też.

Portret zamówił u mnie, kiedy już obrysowałam jego rodzinę, a właściwie piękne dzieci z małżonkami. Nabrał zaufania i zamówił u mnie pastel. Ponieważ nie maluję łysych bez nakryć głowy, kupił sobie piękny kapelusz, ubrał się w stylu Banana Republic i zasiadł na swoim dużym tarasie. Miał oczy ciekawej sikorki i cały czas wyciągał szyję, żeby zerknąć. Jednocześnie podkreślał, że nie wie, czy wypada portret mieć, a nawet momentami nie wierzył w swoją urodę, ale dawał się przekonać. Rysowałam krótko, bo ma bardzo wyrazistą twarz i taką męską urodę, że nie wiadomo, co jest najważniejsze. Ja najbardziej lubię jego głos i znowu problem, bo nie ma go jak narysować, ale udało mi się uchwycić błąkający się czuły uśmieszek. Czasem tak na mnie patrzy, kiedy opowiadam coś z mojego świata, w którym nie ma ani jednej śrubki. Portret wisi, ale nie w salonie, tylko w pokoju do pracy. Podejrzewam Maćka, że się wstydzi być posądzonym o nadmiar próżności. Inżynierowie są skromni.

MAGDA
JAGIELSKA

M agda jest instytucją sama w sobie. Uwielbiam jej żurawiowaty wdzięk, spojrzenie okrągłych oczu. Jest połączeniem skrajnej bystrości z naiwnością dziecka. Zawsze jakby się trochę skrada na długich supernogach i odłącza od grupek towarzyskich. Obserwuje z zapałem. Idealnie pasuje do wizerunku nowoczesnej singielki, szukającej nieistniejącej drugiej połowy. Nie ma w sobie nic z wnuczkożonki czy dzidzi-piernik, bo jest damą. Jak wszystkie damy jest elegancka i ma ostry język. Opisuję cechy zewnętrzne członkini stacji Warszawka, ale to tylko parę procent. Magda jest pracowita, solidna, punktualna, doskonale zna się na PR-ze. Jest

Magda Jagielska

wielkoduszna, niemałostkowa i świetnie rozmawia. Utrzymuje rodzinę i mieszka w górnym Zalesiu, choć nie ma prawa jazdy. To wszystkich bawi, ale niech się męczy, skoro lubi. Znamy się dwadzieścia lat, z „Playboya". Ja pisałam felietony od drugiego numeru pisma przez siedemnaście lat, Magda zajmowała się przez długi czas PR-em. Nic się nie zmieniła. Często się widujemy, więc jeśli nawet to nastąpiło, ja tego nie zauważyłam.

Jest ideałem osoby do portretowania. Ma wszystkie cenione przeze mnie cechy. Wyrazistą twarz, duże oczy, bardzo duży nos. Ma wyraz, jest ładna w ruchu, no i ma śliczną figurę. To powód, dla którego narysowałam ją na stojąco. Talia była godna uwiecznienia. Magda portret u mnie oficjalnie zamówiła i przyszła w bajecznym wciętym żakiecie, a do tego – gumowa, awangardowa biżuteria. Stała na moim tarasie z widokiem na łąki wilanowskie, na których poza bażantami jeszcze nie było nic. Śladu okropnego miasteczka ze „słoikami". Plotkowałyśmy, bo to hobby Magdy. Zabawnie przechylała głowę, jak ptak, udało mi się to uchwycić. W tle sunęło zachodzące na czerwono słońce. Niebo było złote, płaskie jak tafla miodu. Błękit żakietu i rudy kontur głowy nadają portretowi ekspresjonistyczny wyraz, nie mówiąc o kolorach na twarzy. Dobrze maluje się osoby inteligentne, bo rozumieją, że artysta pracuje i że w sekundę powstaje z niczego coś, co pozostanie po modelu i malarzu. Z portretu jestem bardzo zadowolona, wisi w salonie Magdy w stylowym domku z Zalesiu. Zawsze z przyjemnością się widujemy, choć – ze względu na odległość – rzadko.

MAŁGORZATA PIECZYŃSKA

Pierwszy portret Małgosi malowałam bardzo dawno, na zamówienie jej męża, mojego przyjaciela Gabrysia. Jej syn ma teraz dwadzieścia dwa lata, a pozując, była z nim w ciąży. Po godzinie rysowania zapytałam ją, w którym jest miesiącu. Zamarła ze zdziwienia, bo poza nią i Gabrysiem nikt nie wiedział. Zapytała, skąd wiem. Widzę, odpowiedziałam. Faktycznie mogłabym być testem ciążowym. Ciążę widzę nawet w zarodku, ale również widzę choroby. Mam nadwzroczność i nic mi nie umknie, jak radarowi. Gdybym nie urodziła się w komunie, zostałabym asem Scotland Yardu. Małgosia jest profesjonalną aktorką, poza tym cudownie

Małgorzata Pieczyńska

gotuje, jest wesoła i uwielbiam z nią spędzać czas. Malowałam ją kilka razy, Gabrysia też.

Są wyrazistymi modelami i wspaniale się bawią. Atrakcyjności dodaje im widoczna gołym okiem uroda. Mieszkają w dwupoziomowym mieszkaniu w centrum Sztokholmu, tam też wiszą moje portrety i akwarelki. Sypialnia mieści się w okrągłej wieży. Mieszkanie warszawskie, gdzie bywają często, też jest piękne i pełne obrazów. Małgosia ma doskonały gust i często projektuje swoje kreacje, ale najbardziej lubię ją w ubraniu do jogi, nad jeziorem we wsi pod Sztokholmem. Kupili tam XIX-wieczny domek drewniany, należący niegdyś do fotografa rodziny królewskiej, i dobudowali do niego cywilizowane skrzydło, z pokojem gościnnym. Samo łóżko, i bardzo dobrze. Moim ulubionym portretem Małgosi jest bardzo kolorowy rysunek, bo pozowała w haftowanym, orientalnym kubraku i włosy miała uczesane w koczek. Siedzi przed lustrem, a ja patrzę od strony pleców. Jest w tym stroju i pozie coś chińskiego. Długo rysowałam i Małgosia przysnęła, ma więc zamknięte oczy. Kiedy się obudziła, chciała, żebym jej oczy otworzyła, a ja wolę zamknięte. I tak zostało. Wiem, co robię. Na pewno, portretując.

MAŁGORZATA ŻAK

Małgosię znam wieki i łączy nas edukacja w dwóch bratnich liceach na Pradze. Małgosia mieszkała na Targowej i miała ojca weterynarza, ja na placu Hallera i byłam dzieckiem wojskowego. Inne Pragi, inne rodziny, ale charaktery podobne, co nas jakoś łączy i doskonale się dogadujemy. Nie ma to nic wspólnego z jej legendarnym majątkiem, raczej z identycznym jak moje poczuciem humoru. Portret Małgosi zamówili na jej okrągłe urodziny mąż i dworzanie z Polsatu. Miał być niespodzianką, więc potrzebowałam zdjęć. Wiedziałam, jak Małgosia wygląda. Ale to nie to samo. Portret zwykle ma 70 × 100 cm, więc twarz jest duża i powinnam

Małgorzata Żak

dokładnie wiedzieć, jak model wygląda. Nie znoszę rysować ze zdjęcia, ale bywają wyższe konieczności. Nawet jeśli fotograf jest anonimowy, zostawia swoje piętno. Ja widzę po swojemu, na pewno więcej niż aparat fotograficzny, choć zdarzają się genialne portrety nieustępujące tym malowanym. Decyduje ułamek sekundy. U mnie decyduje kilka godzin spędzonych z modelem na jego dziwnej spowiedzi. Tym razem niedane mi było, a zainteresowana żyła w nieświadomości. Był to czas, kiedy schudła o połowę, więc wyglądała zjawiskowo. Poza tym zmieniła kolor włosów z jasnej tandety na ciemny, a fryzurę na prostą z kręconej. Efekt kosmiczny. Zdjęcia, które dostałam, były do niczego, bo albo pokazywała zęby w uśmiechu, a zębów się nie rysuje, albo była w poprzednim wcieleniu. Wreszcie zapytałam, czy nie ma w gabinecie jakiejś swojej profesjonalnej fotografii. Miała śliczną z delikatnym uśmiechem. Jak ktoś wiesza swoje zdjęcie, to znaczy, że tak się widzi. Rysowało się dobrze, bo fotografia była dokładnie taka, jakiej potrzebowałam, czyli panegiryczna, a jednocześnie dużo mówiąca o modelce.

Nie pamiętam, kto wymyślił, że skoro portret ma wisieć w Kenii, w tle ma być żyrafa albo kilka. Poprosiłam o zdjęcia werandy rancza w Kongoni i zdjęcia żyraf, najlepiej koło domu. Mówisz, masz. Portret ma charakter kolonialny i nastrój filmu *Pożegnanie z Afryką*.

Trochę zieleni i piaskowych odcieni czyni cuda. Kiedyś Franek Starowieyski powiedział, że dwie rzeczy maluję najlepiej ze wszystkich: „piełdoły w tle" i usta. Tym portretem udowodniłam, że się nie mylił. Obraz, wraz z brązową rzeźbą przedstawiającą Małgosię naturalnej wielkości siedzącą swobodnie na ławeczce, został wręczony w marcu 2010 roku, na wielkiej fecie urodzinowej z udziałem *tout le monde*. Kolonialny portret wisi w sypialni, posąg stoi nad basenem, do którego kiedyś wpadł prawdziwy hipopotam – z pewnością przyszedł zerknąć. Z obu dzieł sztuki Małgosia jest bardzo zadowolona. Mnie wzruszyło spotkanie z portretem, wiszącym w kenijskiej sypialni na wprost łóżka. Teraz bym ją narysowała inaczej, bo więcej wiem. Niedługo to zrobię, choć Małgosia sugeruje, że ogród przy jej rodzinnym domu jest ładniejszy i należy mu się pierwszeństwo.

MAMA

Z rysowaniem mamy miałam kłopot, bo trochę za blisko niej jestem, żeby ją zobaczyć naprawdę, równie ostro jak obcych modeli. Nie lubię rysowania kochanych osób i chyba jestem wyjątkiem, bo przeważnie artyści sypiali ze swoimi modelkami, które jednocześnie były ich muzami. Ja raczej unikam mieszania pracy z przyjemnościami, dlatego portretowałam niewielu moich partnerów. Robiłam wyjątki dla tych naprawdę ukochanych. Również dlatego, że rysując, dowiadujemy się bardzo wiele o modelu. Nagle zauważamy jakiś nowy rys twarzy. Jakiś nieznany błysk oka. Z kolei oni widzą innych nas, wzbogaconych o światło, jakie daje muza siedząca na ramieniu. Portretowanie to bardzo intymny czas, spędzony z drugą osobą.

Pierwszy raz rysowałam mamę, gdy miałam sześć lat, ale rysunek się nie zachował. Saga rodzinna głosi, że była jak żywa i że ubrałam ją w strój myszki Miki, czyli wielkie buty, krótką spódniczkę, kokardę i białe rękawiczki. Tło podobno było różowe, a dzieło wykonałam kredkami czeskimi na moim wtedy ulubionym formacie A4, kartce ze szkolnego bloku rysunkowego numer 2. Od początku miałam smykałkę do portretowania rodziny i nauczycieli. Dzieci do teraz mnie nie interesują. Pomimo zachęt, rysowanie mamy nie było moją pasją, do tego stopnia, że pierwszy jej portret zrobiłam w latach osiemdziesiątych, a drugi, ostatni, zaraz potem. Mama, pomimo niezwykłej urody i tłumu wielbicieli, nie jest w moim typie artystycznym. Zawsze była za piękna, za idealna, zbyt klasyczna do rysowania. Na dodatek nie miała w ogóle kolorowych ubrań, same beże. Beżu nie cenię, jest naprawdę zabójcą indywidualności i przypomina placek z żytniego ciasta. Cała rodzina ubierała się elegancko, mama zaś najbardziej, i zawsze usiłowała mnie wbić w coś w swoim stylu. Broniła mnie babcia i ciotki. Mama jest teraz staruszką, ale ciągle nie ma wątpliwości, że była klasyczną

Hanna Bakuła - mama Autorki

pięknością, acz jakby się przyjrzeć, to poszczególne elementy nie były doskonałe. Małe zielone oczy, śladowe brwi i rzęsy, dość wąska górna warga, niezbyt zaznaczony owal twarzy, ale za to piękne proste czoło i nos Nefretete, do tego cudne białe zęby i jasne włosy. Należy wspomnieć o talii 55 cm i rękach rafaelickiego anioła oraz o nienagannej cerze. Zawsze wyglądała na dziesięć lat mniej i kochali się w niej moi koledzy. Mężowie też. Mama do teraz lubi, gdy się przy niej żartuje. Zawsze miała ładny, wyraźny głos, który po niej odziedziczyłam, resztę – niestety – po ojcu. Mama bardzo lubi moje portrety i kiedyś zapytała, kiedy ją narysuję. Zdumiona wyznaczyłam bliski termin i mama wpadła do pracowni na Pańską 5. Byłyśmy akurat w okresie zimnej wojny w sprawie mojej rozrzutności oraz płochości i braku stabilizacji. Rysowałam i kłóciłyśmy się cały czas. Skończyłam. Mama podeszła i się popłakała, bo stwierdziła, że taka głupia i zimna nie jest i że nie chce tego portretu, więc go bez złości podarłam. Niestety, zawsze widać moje emocje związane z modelem. Spotkałyśmy się w zgodzie za pewien czas i narysowałam mamę na tle norweskich fiordów. Tak chciała. Nikt z mojej rodziny nie był w Norwegii, nigdy o fiordach nie rozmawiałyśmy, a mamie najbardziej

podobało się w Wenezueli. Portret jest błękitny,
nawet twarz. Ubranie w kolorze gołębim, reszta
niebieska. Tylko małe zielone punkciki w oczach
dają jej charakterystyczne, mądre spojrzenie i widać, że mnie podziwia.

„MAMO, TO JA"

 oją piękną przyjaciółkę Marzenkę poznałam, gdy była redaktor naczelną pisma
o nieinteresującym mnie profilu, czyli,
„Mamo, to ja". Koleżanka przyprowadziła ją do
Bristolu. Oniemiałam. Wysoka, rudowłosa, zie-
lonooka, delikatna boginka w futrze z kun, uszy-
tym jak prochowiec powaliła mnie jako malarkę.
Uwielbiam piękne eleganckie kobiety, a najbardziej rude, nawet farbowane, ale naturalne w odcieniu. Podczas rozmowy okazało się, co Marzenka robi, i zapytałam, czy mogę do niej mówić:
„Mamo, to ja!". Jest ponad dziesięć lat młodsza,
ale zgodziła się z ochotą, pod warunkiem, że
ona będzie mówiła do mnie „synu". Wiele osób

kamienieje ze zdumienia, gdy nagle mówię do niej „mamo", a ona krzyczy, „synu!". Przyjaźnimy się dwanaście lat i bardzo lubimy. Marzenka jest moim przeciwieństwem. Uśmiecha się łagodnie, jest zawsze damą, ma świetne z cicha pęk poczucie humoru i jest bardzo pozytywnie nastawiona do świata. Może to być skutek bycia naczelną optymistycznej gazety „Mamo, to ja". Teraz Marzenka ma wydawnictwo i córkę maturzystkę, która niebezpiecznie rośnie, przy okazji prostując zęby. Robi się coraz ładniejsza, we włoskim stylu. Może uda się ją ufarbować na rudo?

Marzenka jest moją muzą pod wieloma względami. Nie mogę się napatrzeć na jej wdzięk Saskii Rembrandta, połączonej z *Wiosną* Botticellego. Portret powstał w tydzień po naszym poznaniu. Pozowała w eleganckiej bieliźnie, z pięknym wisiorem na szyi. Za oknem zima, a my z widokiem na łąki wilanowskie i przycupnięte na nich śnieżne zające opowiadałyśmy sobie swoje życia, dużo się śmiejąc, co w pracy pomaga. Między artystą a modelem, który mu się podoba, tworzy się coś w rodzaju kilkugodzinnego romansu. Ja patrzę z zachwytem na modela, a model tak samo na mnie. Czy może być milsza sytuacja? Nie. Tylko artysta potrafi zajrzeć w duszę, naprawdę skupić

„Mamo, to ja" – Marzenka Mróz

się na drugiej osobie i dołożyć trochę z własnej osobowości.

To pozowanie bardzo się różniło od innych, letnich. Zimowe światło jest odmienne. Wygląda jakby słońce było w czapce pilotce z waty. Nie ma kontrastów, jest jakby ciszej w powietrzu i sekundy trwają dłużej, bo im zimno, więc poruszają się ospale. Malowanie pięknej rzeczy, człowieka, zwierzęcia, jabłka, widoku uspokaja i przenosi w inny wymiar. Dobrze robi cicha muzyka klasyczna, która porządkuje przestrzeń emocjonalną. Marzena na wpół leżała na kanapie, a za oknem prószył śnieg, który kojarzy mi się z sytuacjami zmysłowymi i szczytem estetyki. Nie lubię lata, bo jest za zielone.

Portret wisi pogodnie w salonie Marzenki, która ostatnio jest jeszcze bardziej świetlista, bo wyszła za mąż za reżysera Filipa Bajona, który na równi ze mną podziwia jej urodę, bo chyba też skończył ASP.

MARCIN
BRONIKOWSKI

W łaściwie wystarczyłoby jedno słowo, żeby go określić – BARYTON. Marcin ma energię i wygląd zawadiackich bohaterów oper. Tenor zawsze śpiewa role trochę mydlane i pozytywne. Baryton jest operowym macho i przeważnie źle kończy. Marcin zwykle kończy dobrze i dostaje huraganowe brawa. Śpiewa przepięknie i ma bardzo silny głos. Studiował w Bułgarii i to sprawia, że tembr jego głosu ma specyficzną barwę. Poznaliśmy się w 1995 roku, gdy projektowałam w operze kostiumy do *Carmen*. Marcin oczywiście odgrywał torreadora. Carmen była Małgosia Walewska, mezzosopran. Ten rodzaj głosu mają w operze kobiety fatalne, podłe,

Marcin Bronikowski

wampy i tym podobne paskudztwa. Małgosia, tak jak i Marcin, jest bardzo ładna i postawna. Scena operowa nie jest dla cherlaków. Od tego czasu we trójkę bardzo się przyjaźnimy. Marcin ma świetną figurę, więc w wyszywanych złotem, aksamitnych strojach wyglądał jak lalka. Twierdzi, że śpiewał Escamillia na całym świecie, ale takich kostiumów nie miał. Duża w tym zasługa ówczesnego i dzisiejszego dyrektora Opery Narodowej, Waldemara Dąbrowskiego, który zaufał nam i sypnął kasą na megaprodukcję. Premiera wypadła genialnie i do dzisiaj na *Carmen* są komplety, acz jest rzadko grana, bo sama wystawa jest bardzo droga. Trzysta osób na scenie, plus dwa konie. Marcin jest pogodny, słoneczny, ma apetyt na życie i kobiety, które jak za marynarzem, ciągną za nim taborami. Taka torreadorska natura u typowego Warszawiaka.

Rysowałam w Wilanowie pod czujnym okiem bardzo otyłego impresaria Marcina, rodem z Hiszpanii.

MAREK DUTKIEWICZ

Z wany przez przyjaciół Dudasem, jest genial-
nym poetą i tekściarzem. Autorem przebo-
jów zespołu 2 + 1, Urszuli i swojej ulubio-
nej żony Joasi Dark, z którą ma synka Ksawerka.
Dudi (inna ksywka) jest niestrudzonym zaba-
wowiczem i ogromnie dowcipnym facetem. Widać to po skórzanej pilotce retro, którą uwielbia
nosić zimą. Znamy się i lubimy ponad trzydzieści lat. Renesans naszej znajomości przypadł
na lata osiemdziesiąte i dziewięćdziesiąte prze-
szłego wieku. Teraz widujemy się rzadziej. Wtedy
wraz Jackiem Reszetką założyliśmy w SARP-ie
na Foksal „Klub Piątek" i balowaliśmy co tydzień
w swoim gronie, bo obowiązywały imienne karty

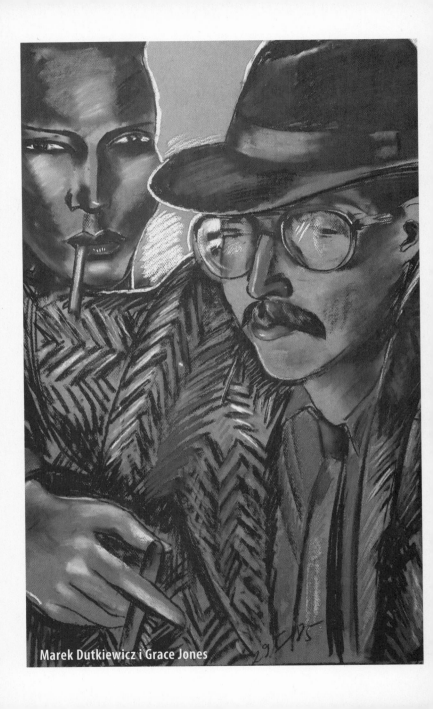

Marek Dutkiewicz i Grace Jones

wstępu. Robiliśmy wspaniałe bale, na przykład biały bal, gdzie nie wolno było mieć niczego kolorowego, i sprawdzaliśmy na bramce nawet bieliznę. Potem był bal astrologiczny, każdy przebrał się za swój znak. Zabawa trwała do szóstej rano. Był jeszcze bal warzyw i jarzyn. Niektórzy poprzyszywali sobie główki sałaty do beretów, ale były też etole z rzodkiewek i fasolki szparagowej. Poza tym tańczyliśmy w każdy piątek.

Dudasa portretowałam wiele razy, nawet gdy miał czarne wąsy, za którymi nie przepadałam. Byliśmy w tak zwanej paczce, która zmieniła trochę skład, ale jeszcze oddycha. Najlepiej pamiętam rysowanie w Nowym Jorku na tarasie mieszkania Elżbiety Czyżewskiej, które od niej wynajmowałam w 1981 roku. Był śliczny, ciepły październik. Marek miał wojskową, amerykańską kurtkę i kapelusz, efektownie przykrywający łysinę. Jesień na Manhattanie ma swój słoneczno-butwiejący zapach, a nasza rozmowa, jak wszystkie nasze rozmowy, była jasna i wesoła. Marek opierał się o stary tarasowy stół, na którym stał dziwny kot z niebieskimi oczami, upleciony z gałązek. Marka rysowałam wiele razy, bo ma bardzo ciekawą twarz i, jak twierdzi, uroku dodają mu „ręce poety". Niby taki żart, ale Marek jest poetą i to nietypowym, bo bardzo wesołym i dowcipnym, poza tym nie jest biedny, co też nie jest dla poetów charakterystyczne. W książce zamieszczam jego portret z Grace Jones, którą uwielbia z wzajemnością.

PROF. IRENA RZEPLIŃSKA

D la mnie – Irenka z Liceum nr 50 imienia brazylijskiego działacza Ruy Barbosy na Pradze. Kiedy przyszłam do naszej szkoły, była tylko żeńska i stanowiła podstawówkę oraz liceum w jednym. Było to przedłużenie przedwojennej szkoły dla panien imienia Jadwigi Rzeszotarskiej. Piszę tak dokładnie, bo to była świetna szkoła, uczyły przeważnie starsze hrabiny, co nam na dobre wyszło, wszystkie byłyśmy szczęśliwe i wręcz przeuczone.

Do Irenki zapałałam podziwem od pierwszej chwili, ponieważ była o rok starsza i wodziła w szkole prym, który teraz wodzi gdzie indziej. Ma w sobie mnóstwo energii i jest bystra

Profesor Irena Rzeplińska

jak szpak. Przyjaźnimy się prawie pół wieku. Nic się nie zmieniła fizycznie, jest tylko bardziej elegancka i stylowa. Dzieci, którymi byłyśmy wtedy, zostały w nas i paplamy jak uczennice Liceum imienia Ruy Barbosy. Potem do szkoły przyszli chłopcy. Na sześćset dziewczyn – osiem sztuk. Gwizdałyśmy na palcach, kiedy matki wlokły ich do naszej szkoły. Przyjaźnię się z tymi chłopakami od wtedy.

Jednym z nich był Krzysio Malarecki, z którym Irenka założyła szkolny kabaret.

Marzyłam, żeby dla nich pisać satyryczne wierszyki, ale osoby z młodszych klas były niewidzialne dla starszych. Zagadałam nieśmiało Irenkę, a ona się zgodziła bez problemu. Coś zaniosłam. Nie pamiętam, co się stało z ideą kabaretu, ale wtedy zaczęła się nasza przyjaźń, a do ścisłego grona kolegów dołączył mieszkający obecnie w Paryżu Claudiusz Goldberg i jesteśmy świadkami prawie całego naszego życia. Irenkę, jej męża profesora Andrzeja Rzeplińskiego, przewodniczącego Trybunału Konstytucyjnego, oraz ich potomstwo bardzo lubię, bo dzieci są równie interesujące jak rodzice. Wiwat genetyka! Profesor Irena Rzeplińska jest wybitną prawniczką i pracuje w Helsińskiej Fundacji Praw Człowieka. Zajmuje się prawami uchodźców.

Irenkę rysowałam kilka razy, w pewnych odstępach czasu. Najbardziej lubię czarno-biały rysunek, na którym przedstawiona jest ze swoją malutką córeczką Różyczką. Za jej sprawą moi przyjaciele są dziadkami.

Irenka i Andrzej mają, z mojego punktu widzenia, wielką zaletę. Bardzo lubią moje obrazy i mają ściany wyłącznie nimi przyozdobione. Portret z Różyczką wisi na honorowym miejscu. Niestety, wisi u nich również mój pierwszy obraz olejny, bohomaz straszliwy. Akademicki akt z jakimś wazonem, bury i nikt by nie zgadł, że potem będę fowistycznym kolorystą i „Witkacym w spódnicy". Nie chcą mi go oddać. Irena jest zawsze doskonale obcięta i ma superciuchy, torby i buty. A i tak najbardziej interesujący jest jej profil. Przypomina ciekawską czaplę albo ciupagę, bo ma spory, ostry nos. Twarz szczupła, zawsze rozbawione usta i niesłychany, entuzjastyczny głos, którego narysować się nie da. Profesorostwo są zawsze obecni na wszystkich moich wernisażach i promocjach, jak to najbliższa rodzina.

PUCIA I MAREK

P ucia to Maria Szabłowska, wybitna dziennikarka radiowa i telewizyjna. Marek to wspaniała postać medialna, mąż Puci. Znamy się na pewno ponad trzydzieści lat i długo mieszkaliśmy obok siebie na Saskiej Kępie. Łączyła nas bliska przyjaźń z Agnieszką Osiecką. Przez lata razem organizowaliśmy baliki na ulicy Londyńskiej w małej kawiarni, gdzie bywała cała artystyczna Warszawa. Wtedy było łatwiej się spotykać. Teraz widujemy się, o ile tylko jest taka możliwość, a Pucia występuje jako gwiazda na wszystkich moich promocjach. Jest do bólu profesjonalna, śliczna, doskonale ubrana i bardzo bystra. Świetnie pisze. Jako astrologiczna Waga

Maria Szabłowska z mężem Markiem

jest prawdziwą damą i potrafi wybrnąć z każdej sytuacji. Marek to siła spokoju, jak każdy Strzelec. Jego dowcip jest lekko sardoniczny, ale ja go uwielbiam. Mieszkają na Saskiej Kępie w pięknym, obrośniętym winem, międzywojennym domu, w którym fizycznie czuje się ich charaktery.

Pozowali dwa razy. Na pierwszym seansie zrobiłam im serię zdjęć, bo tak było lepiej. Portret wymagał dużo pracy, ze względu na indywidualność pozujących przyjaciół i chroniczny brak czasu, z obu stron. Do portretu przymierzaliśmy się wiele razy. Zawsze coś wypadało i wreszcie nadszedł czas najmilszej próby.

Męczenie modeli mnie peszy, bo czuję, jak są ciekawi tego, co robię, i jak im się nie chce nie ruszać. W pewnym momencie rysowania ust muszą milczeć, a modele uwielbiają gadać, bez względu na płeć. Rysowałam sama, podśpiewując, a potem wpadli, żebym mogła położyć charakterystyczne dla mojej pracowni światło. Na portrecie są ubrani w skrajne kolory. Czerwony – on i niebieski – ona. To dość niefortunne połączenie, bo trzeba je zbalansować. O dziwo, czerwony i zielony bardziej pasują. Ponadto Marek był w zabawnych okularach, które łagodziły czujny wyraz jego twarzy, a przez to znikał charakter osobowości. Portret jest poziomy, co zdarza mi się ostatnio rzadko. Koncepcja taka pojawiła się po obejrzeniu obrazów w ich salonie, kiedy wpadłam wybrać miejsce na powieszenie portretu. Okazało się, że najlepiej będzie wyglądał w poziomo usytuowanym miejscu w kącie pokoju.

Bardzo trudno rysuje się dwie różne osobowości. Mam tylko 70 × 100 cm na zmieszczenie psychicznych i fizycznych biegunów. Wydaje mi się, że w tym wypadku wyszło tak, jak powinno.

TAMARA

Ż miło pomyśleć, ile wśród nas pięknych, stylowych kobiet. Ponieważ nie jestem dziadziodzidzią, więc ich wiek pozostaje mi obojętny. Wolę rysować kobiety koło czterdziestki, bo mają wyraźniejsze kontury i rysy twarzy, w których jest zapisana jakaś historia. Niekoniecznie dramatyczna, tylko inna od mojej, i to mi wystarcza. Najchętniej rysuję klasyczne piękności z małymi defektami, w wypadku Tamary jest to zadarty nos. Reszta jest idealna, od stóp do głów. Ciągle nad tym boleję. Najbardziej lubię jej strumykowaty, lekko przytłumiony głos, ale tego się nie da narysować. Nie szkodzi. Tamara, w pięknym megaeleganckim kapeluszu typu

Tamara Gujska

Piotruś, siedzi na tle okna ze skrzyżowaną staromodnie tiulową firanką. Okno balkonowe z widokiem na park znajduje się w sypialni wielkiego luksusowego apartamentu D, w wieży Pałacu w Radziejowicach, gdzie uwielbiam rysować, bo wszystko tam jest piękne. Każde drzewo, każda ławeczka, nie mówiąc o antykach i obrazach najwyższych lotów. Na niebie chmury formują się w zgodzie z widokiem na staw i pływające po nim łabędzie. Można zwariować. Tamara mieszka w Milanówku, skąd ma blisko i często mnie odwiedza, gdy jestem w Radziejowicach.

Było piękne letnie popołudnie. Akurat przygotowywałam wystawę obrazów powstałych w Radziejowicach i to był dzień, w którym postanowiłam zwieńczyć dzieło tego lata portretem jednej z najbardziej stylowych kobiet w Warszawie. Tamara jest projektantką mody, ale raczej człowiekiem-orkiestrą, bo zajmuje się miejscową gazetą, opieką nad zwierzętami i wszystkim, co wymaga interwencji, nawet niektórymi ludźmi. Jest elegancka nieoczekiwanie. Zawsze mnie zdziwi. Nigdy nie widziałam jej przebranej, a zawsze ma coś niezwykłego, jakiś kolor lub akcent, który widać z daleka. Zmienia czarnym pantoflom obcasy na kolorowe. Nosi śmieszne, kosztowne dodatki i ma cudną figurę. Znamy się ze słynnego klubu w SARP-ie przy ulicy Foksal. To z nią i Dudkiem organizowaliśmy kostiumowe bale, na przykład biały, jarzyn czy astrologiczny. Tamara jest fontanną pomysłów i lubi się śmiać. Na rysunku jest poważna, bo wie, że przechodzi do wieczności, co jej się należy pod każdym względem.

Wydanie polskie:
G+J Gruner+Jahr Polska
Sp. z o.o. & Co. Spółka Komandytowa
ul. Marynarska 15, 02-674 Warszawa

Sprzedaż wysyłkowa: tel. 22 360 37 77
Dział handlowy: tel. 22 360 38 41–42

Redakcja: Joanna Grześkowiak-Stepowicz
Korekta: Anna Maria Thor
Okładka, skład i łamanie: Maciej Szymanowicz
Redaktor prowadzący: Małgorzata Zemsta
Redaktor techniczny: Mariusz Teler
Druk: Abedik SA

ISBN: 978-83-7778-676-5

www.gjksiazki.pl